Interkulturelle Kommunikation

Einführung

Norbert Schröer,
geb. 1953, Promotion 1991, Habilitation 2001 im Fach Kommunikationswissenschaft. Derzeit Professor für ‚Empirische Sozialforschung mit Schwerpunkt qualitative Methoden' an der Hochschule Fulda und Dozent für ‚Qualitative Verfahren der Sozialwissenschaften' an der Wirtschaftsuniversität Wien. Wichtigste Buchpublikationen: *Der Kampf um Dominanz*, Berlin, New York 1992; hrsg. *Interpretative Sozialforschung*, Opladen 1994; (gemeinsam mit Ronald Hitzler und Jo Reichertz) hrsg. *Hermeneutische Wissenssoziologie*, Konstanz 1999; *Verfehlte Verständigung. Kommunikationssoziologische Fallanalyse zur interkulturellen Kommunikation*, Konstanz 2002 und (gemeinsam mit Jo Reichertz) hrsg. *Hermeneutische Polizeiforschung*, Opladen 2003.

Norbert Schröer

Interkulturelle Kommunikation
Einführung

Bibliografische Information der Deutschen Nationalbibliothek
Die Deutsche Nationalbibliothek verzeichnet diese Publikation in der Deutschen Nationalbibliografie; detaillierte bibliografische Daten sind im Internet über http://dnb.ddb.de abrufbar.

Lerchenstraße 37, 45134 Essen
www.oldib-verlag.de, info@oldib-verlag.de
Umschlaggestaltung: Oliver Bidlo
Druck: Books on Demand GmbH, Norderstedt

ISBN 978-3-939556-10-7

Teile dieser Einführung stammen aus dem Buch des Autors „Verfehlte Verständigung? Kommunikationssoziologische Fallstudie zur interkulturellen Kommunikation“, das 2002 im Universitätsverlag Konstanz erschienen ist. Abdruck mit freundlicher Genehmigung des Verlages.

Inhalt

1. Zum Anliegen dieser Einführung ... 7

2. Interkulturelle Kommunikation: Eine kommunikationstheoretische Verortung ... 15

2.1. Kommunikation als Kontextualisierung: Interaktionale Soziolinguistik und interkulturelle Kommunikation ... 15

2.1.1. Der Kontextualisierungsansatz ... 16

2.1.1.1. Abgrenzungen zu strukturalistischen Positionen: die Situationsorientierung ... 16

2.1.1.2 Kontextualisierung und Aktivitätstypen ... 22

2.1.1.3. Repertoiregemeinschaft und interkulturelle Kommunikation ... 25

2.1.2. Probleme des Kontextualisierungsansatzes: Strukturale Soziolinguistik und interkulturelle Kommunikation ... 28

2.2. Kommunikation als Verständigung: eine kommunikationstheoretische Vertiefung ... 34

2.2.1. „Die Unwahrscheinlichkeit der Kommunikation“ ... 34

2.2.2. Der systemtheoretische Lösungsansatz: die Selbstorganisation der Kommunikation ... 39

2.2.3. Der radikalkonstruktivistische Lösungsansatz: Kommunikation selbstreferentieller Bewusstseinssysteme infolge struktureller Kopplung ... 45

2.2.4. Der handlungstheoretische Lösungsansatz: pragmatisch motivierte Verständigung handelnder Subjekte ... 53

2.2.4.1. Individuelle Welttheorie, pragmatischer Konsens und dualer Zeichenbegriff (G. Ungeheuer und J. Juchem) ... 54

2.2.4.2. Perspektivität, Intersubjektivität und Quasi-ideales Zeichensystem (A. Schütz und Th. Luckmann) ... 59

2.2.5. Resümee: Kommunikation als pragmatische Abstimmung perspektivgebundener Deutungsmuster.......69
2.3. Interkulturelle Kommunikation: ein Spezialfall kommunikativer Verständigung.........................74

3. Zur hermeneutischen Auslegung des Fremden.........................83
3.1. Das Arbeitsfeld einer hermeneutischen Wissenssoziologie.........................83
3.1.1. Die Perspektivität des Rekonstruktionsprozesses: Forschung als „Verallgemeinerung der Verallgemeinerung“......................... 91
3.2. Das Fremde als Forschungsgegenstand einer hermeneutischen Wissenssoziologie: zur Begründung einer „heuristischen Methodologie“.........................94
3.2.1. Die Aufgabe einer wissenschaftlichen Auslegung des Fremden.........................95
3.2.1.1. (Re-)Konstruktive Übersetzung und wechselseitige Perspektivität: Der ethnologisch-ethnographische Diskurs......................... 96
3.2.1.2. Die Perspektivität des Rekonstruktionsprozesses: Forschung als dialogisch konstituierte Anverwandlung......................... 102

4. Das methodische Konzept: Zur Gestaltung des Forschungsdialoges – ein Verfahrensvorschlag.........................111
4.1 Zur Aufgabe und zum Anforderungsprofil eines kulturvertrauten Co-Interpreten......................... 112
4.2 Ein einzelfallorientiertes Verfahren zur co-interpretengestützten Anverwandlung 114

5. Grundlagentheoretischer Rahmen für eine kommunikationssoziologische Analyse interkultureller Kommunikation: Eine Zusammenfassung......................... 119

Literatur.........................127

1. Zum Anliegen dieser Einführung

'Interkulturelle Kommunikation' hat sich als ein relativ eigenständiges wissenschaftliches Arbeitsgebiet erst zu Beginn der 60er Jahre des vergangenen Jahrhunderts etabliert. Als ihr Begründer gilt der Kulturanthropologe Edward T. Hall, der von der amerikanischen Regierung mit der Entwicklung von interkulturellen Schulungsprogrammen beauftragt wurde. Mitarbeiter der Regierung sollten auf ihre Aufenthalte in fremden Kulturen vorbereitet werden (Hall 1992). Bearbeitet wird von den Vertretern des so aus der Taufe gehobenen Faches seitdem charakteristischerweise die Frage, *wie sich die Kommunikation zwischen Menschen unterschiedlicher kultureller Prägung gestaltet und gestalten lässt und welche Bedeutung den kulturellen Kontexten dabei zukommt.*

Die wissenschaftliche Erforschung Interkultureller Kommunikation war von Beginn an interdisziplinär angelegt. Die Heterogenität des Faches kommt dann auch in der Vielzahl der Disziplinen zum Ausdruck, in denen Aspekte interkultureller Kommunikation behandelt werden: Knapp und Knapp-Potthoff verweisen auf die Ethnologie, die Kultur- und Sozialanthropologie, die vergleichende Sozialwissenschaft, die Individualpsychologie, die Sozialpsychologie, die sogenannte kognitive Wissenschaft und auf die Sprachwissenschaft (Knapp/Knapp-Potthoff 1990: 63f; siehe entsprechend auch die aktuellen von Lüsebrink 2004 und Moosmüller 2007 herausgegebenen Sammelbände). Dabei haben sich über die Grenzen der einzelnen Disziplinen hinweg zwei grundsätzlich zu unterscheidende Forschungsansätze herausgebildet: die *kontrastiven* Ansätze (wie die kontrastive Pragmatik und die Kulturemtheorie) und die *prozessorientierten* Ansätze (wie die Kontextualisierungstheorie).

> „In Abgrenzung zu den (...) Forschungsansätzen, die sprachliche Phänomene zunächst im Rahmen intrakultureller Kommunikation bestimmen, um sie anschließend mit ihren Entsprechungen in anderen Sprachen zu kontrastieren, (werden;

> N.S.) als prozeßorientiert solche Ansätze bezeichnet (...), die den Prozeß des Kommunizierens zwischen Vertretern unterschiedlicher Kulturen zum Forschungsgegenstand haben." (von Helmolt 1997: 21; siehe auch Knapp/Knapp-Potthoff 1990: 69ff)

Entsprechend geht dann auch das Verständnis vom *Verhältnis zwischen der kulturellen Orientierung und dem kommunizierend handelnden Subjekt* erheblich auseinander. Die einzelnen Wissenschaftler verorten sich dabei im Spannungsfeld der Konzeptionen, wie sie im Rahmen der von Goodenough (1964) herausgearbeiteten „Kognitiven Anthropologie" und des von Geertz (1987a) entwickelten semiotischen Kulturverständnisses bestimmt wurden. Die einen verstehen das Subjekt eher als '*Vollstrecker*' eines stabilen, wohlgeordneten kulturellen Wissenssystems (so z.B. Hall 1959; 1969; Hofstede 1993, Thomas/Kinast/Schroll-Machl 2000; Thomas/Kammhuber/Schroll-Machl 2007), während die anderen es eher als *situativ sich anpassenden Interpreten* eines vorausgelegten, dynamisch kulturellen Deutungsrahmens begreifen (so z.B. Gumperz 1982, Hinnenkamp 1989; Müller-Jacquier 1986, 2004).
Trotz aller sozial- und kulturtheoretischen, methodologischen und methodischen Differenzen war man sich aber im Großen und Ganzen zunächst darin einig, *inter*kulturelle Kommunikation in Abgrenzung zur *intra*kulturellen Kommunikation bestimmen zu können. Demnach zeichnet sich intrakulturelle Kommunikation dadurch aus, dass die Verstehensprozesse der Kommunikationsteilnehmer im Wesentlichen über eine gemeinsame Sprache und über einen gemeinsamen, kulturspezifischen Bestand an Wissen, Deutungsmustern und Interpretationsregeln geregelt und gesichert sind, während in interkultureller Kommunikation diese gemeinsamen Bezugspunkte charakteristischerweise fehlen, was dann zu den typischen Problemen bei der Übernahme der Perspektive des Anderen (Müller-Jacquier 1986: 44ff) und dann zu den typischen interkulturellen Missverständnissen führt. *Diese schroffe Abgrenzung wurde dann aber zunehmend in Frage gestellt.* Verschiedene Forscher wiesen darauf hin, dass auch intrakulturelle Kommunikation maßgeblich von subkulturell bedingten divergie-

renden Wissensbeständen, Deutungsmustern und Interpretationsregeln geprägt sein kann und von daher durchaus Züge 'interkultureller Kommunikation' birgt (Hinnenkamp 1989; Knapp/Knapp-Potthoff 1990; von Helmolt 1997)[1]. Den entscheidenden Schub erhielt die Relativierung der Abgrenzung von intra- und interkultureller Kommunikation aber mit der Zunahme der Migrationsströme, mit dem Entstehen multikultureller Gesellschaften und mit der übergreifenden Entwicklung hin zu einer globalisierten sozialen Wirklichkeit, in der sich eine Zuordnung zur intra- oder zur interkulturellen Kommunikation nicht mehr trennscharf vornehmen lässt (Beispiele in: Roth (Hg.) 1996; Kartari 1997; Schröer 2002; Dreißig 2005; Leifeld/Schröer 2006; Keim 2008; Otten et. al. 2009). Die Annahme von einem *prinzipiellen* wandelte sich allmählich in die Annahme von einem bloß *graduellen Unterschied.* Die um sich greifende Einsicht in die zunehmende Durchlässigkeit der Grenze zwischen intra- und interkultureller Kommunikation ging insgesamt mit einer erheblichen Verunsicherung im Fach einher. Denn kaum einer vermag in Anbetracht solcher ‚Verschmelzungen' noch konturenscharf zu bestimmen, was denn nun charakteristisch ist für interkulturelle Kommunikation. Versuche einer Bestimmung blieben von daher – wie exemplarisch bei Thomas (2004) und Lüsebrink (2008) – vage und oft – wie prägnant bei Knapp/Knapp-Potthoff – in sich wenig schlüssig (1990: 66).

Die Reaktion auf diese Verunsicherung war dann erst einmal von einer gewissen *Beharrlichkeit* geprägt. Bei einer etwas moderater gehaltenen Abgrenzung der intra- von der interkulturellen Kommunikation *wurden die kulturkontrastiven Ansätze in weiten Teilen in ihrem Kern beibehalten* (Thomas 2004, Thomas/Kammhuber/Schroll-Machl 2007; Moosmüller 2007; Leisebrink 2008). So geht Müller-Jacquier davon aus, dass sich noch „über 90 % der empirischen Arbeiten unter dem Titel ‚Interkulturelle Kommunikation' mit vergleichenden Einstellungsuntersuchungen zu kultur-

[1] Ein sehr prägnantes und anschauliches Beispiel für interkulturelle Kommunikation in einem ‚eigentlich' intrakulturellen Kontext liefert Irene Götz für die Kommunikation zwischen Bayern und Franken (1996).

spezifischen Wertorientierungen, die als Dimensionen (Hofstede) oder Kulturstandards (Thomas) in verschiedene Maßnahmen der Auslandsvorbereitung eingehen“ (2004: 106), beschäftigen. Allerdings sahen stärker prozessorientiert forschende Kommunikationswissenschaftler sich in Anbetracht der Herausforderungen der Zeit in ihrem situationsbezogen-interaktiven Ansatz bestätigt, und sie waren und sind um so mehr darum bemüht, die Bedeutung der Geschehensdynamik herauszupräparieren. Müller-Jacquier etwa entwickelte eigens ein *Konzept der „Inter-Kultur“,* und er betont mit ihm die Konstruktion interkultureller Kommunikationssituationen durch die Beteiligten und die interkulturelle Eigendynamik, die von diesen situativen Konstruktionen ausgeht (2004). Diese Herangehensweise versteht er als eine Verfeinerung und Weiterentwicklung der kulturkontrastiven Ansätze: „Die Relevanz kontrastiver Erklärungsmodelle soll (…) in einem produktiven Sinne reformuliert werden, und zwar als Ausgangskonstellation interaktionistisch begründeter Analyseschritte.“ (2004: 73)

Der Diskurs zur Interkulturellen Kommunikation ist mittlerweile recht *unübersichtlich* geworden, und er dürfte in Anbetracht der von gesellschaftlicher Seite an ihn herangetragenen Fragen vor einem *Umbruch* stehen (Otten/Scheitza/Cnyrim 2007; Otten et. al 2009). Denn gerade vor dem Hintergrund der neuen gesellschaftlichen Herausforderungen fällt auch bei einer nur groben Betrachtung auf, dass bei der Aufarbeitung interkultureller Kommunikationsprozesse das Augenmerk noch *nicht hinreichend auf die interkulturellen Verständigungsprozesse gerichtet wird.* So bleiben auch die von Müller-Jacquier präsentierten prozessorientierten Analysen der Tradition der immer noch im Vordergrund der Forschung stehenden Missverständnisanalysen verhaftet. Es werden Beispiele präsentiert, in denen sich die ehedem bestehenden Differenzen situativ-interaktiv hochschaukeln und interaktiv weiterentwickeln (2004: 74ff; in diesem Zusammenhang auch von Helmolt 1997). Andere Analysen – wie Schröer 2002 – liefern missverständnisorientierte Momentaufnahmen aus einem laufenden interkulturellen Verständigungsprozess, in denen interkulturelle Verständigungsbewegungen zwar angedeutet, mit denen sie aber noch nicht in ihrem Verlauf beschrieben sind. Diese Lücke ist in Zeiten sich konsolidierender multikultureller Gesellschaften und einer zunehmenden globalen Vernetzung der Kommunikation bemerkenswert. Denn die Herausforderung für das Fach Interkulturelle Kommunikation dürfte derzeit gerade darin bestehen, *die Möglichkeiten und Verfahren einer im (beruflichen) Alltag situativ verankerten und prozesshaft fortschreitenden interkulturellen Verständigung aufzuzeigen*. Solche Verständigungsanalysen – und das mag das zögerliche Herangehen an interkulturelle Verständigungszusammenhänge auch erklären – sind von der Untersuchungsanlage her komplex, langwierig (weil eben in der Regel auf etwas längere Verständigungs-Zeiträume bezogen) und – sie erfordern eigentlich ein Grundlagenverständnis darüber, wie interkulturelle Verständigung überhaupt möglich ist. So kommt dann auch eine zweite, eher verborgene Besonderheit des aktuellen Diskurses in den Blick: *die Analysen und die Bestimmungen interkultureller Kommunikation und interkultureller Verständigung im Besonderen sind bislang eigenartigerweise von einer grundlagentheoretischen Fundierung weitgehend abgekoppelt*, obwohl gerade eine grundlagentheoretische Klärung der Bedingung der Möglichkeit interkultureller Verständigung Mut machen könnte, die dynamischen Verständigungsprozesse in multikulturellen Gesellschaften und in einer solch global vernetzenden Welt stärker in den Blick zu nehmen.[2] Sie könnte hier mehr Sicherheit in die methodologische und methodische Vorbereitung empirischer Untersuchungen und in deren Durchführung bringen.[3]

[2] Meines Wissens sind in diese Richtung gehende grundlagentheoretische Fundierungen interkultureller Kommunikation bisher allein von Jens Loenhoff (1992: 187-223) und von Joachim Renn (1999, 2004) angegangen worden. Aus der Sicht der Philosophischen Hermeneutik erstellte Herbert Kögler eine aufschlussreiche Skizze zur Interkulturellen Verständigung (2007). Eine Berücksichtigung bei der empirischen Erforschung interkultureller Verständigung ist bislang nicht zu erkennen.

[3] Überdies könnte sie auch dazu beitragen – dieser Aspekt interessiert hier aber nur am Rande – , die praxeologische Engführung bestehender interkultureller Lernprogramme aufzuheben (Götz 2000; Bergmann/Sourisseaux (Hg.) 2002; BerlinOtten/Scheitza/Cnyrim 2007, Bd.2; Thomas/Kammhuber/Schroll-Machl 2007, Bd.2).

Die hier vorliegende Schrift versteht sich als ein Beitrag zur Schließung dieser grundlagentheoretischen Lücke im Diskurs zur Interkulturellen Kommunikation.[4] *Fallneutral soll gezeigt werden, wie bei der Vorbereitung und Durchführung einer empirischen Untersuchung zur Interkulturellen Kommunikation Klärungen auf der kommunikationstheoretischen, methodologischen und methodischen Ebene auseinander hervorgehen und ineinander greifen. Plausibel werden soll, dass entsprechende grundlagentheoretische Vorabklärungen eine empirische Untersuchung Interkultureller Kommunikation absichern helfen.* Zur Orientierung zunächst ein kurzer Überblick:

(a) Kommunikationstheoretische Klärung: Interkulturelle Kommunikation

Sowohl die linguistisch als auch die ethnographisch ausgerichteten Forschungen zur interkulturellen Kommunikation lassen allzu häufig eine grundlagentheoretische Abklärung ihres Forschungsgegenstandes und der Bedingungen seiner Rekonstruktion vermissen. Die entsprechenden Analysen sind dann nicht in einem kommunikationstheoretisch reflektierten Verständnis interpersonaler Mitteilungs- und Verstehensprozesse verankert, was nicht selten zu begrifflichen Unklarheiten und zu methodologischen und analytischen Verkürzungen führt.

Für die empirische Untersuchung Interkultureller Kommunikation ist eine kommunikationsanalytisch grundlagentheoretische Klärung interkultureller Kommunikationsprozesse aus zwei Gründen relevant: *Zum einen geht es darum, ein tiefenschärferes Verständnis von dem Untersuchungsgegenstand zu erhalten. Und zum anderen wird mit ihr kommunikationstheoretisch die Klärung der mit der Hermeneutik des Fremden für den wissenschaftlichen Rekonstruktionsprozess einhergehenden Probleme vorbereitet.*

[4] Bei diesem Text handelt es sich um die Auskopplung der theoretischen Teile aus dem Forschungsbericht zu einer empirischen Untersuchung von Vernehmungsgesprächen zwischen deutschen Vernehmern und türkischen Migranten, der 2002 unter dem Titel „Verfehlte Verständigung? Kommunikationssoziologischen Fallstudie zur interkulturellen Kommunikation“ im Universitätsverlag Konstanz erschienen ist. Für die Erteilung der Genehmigung danke ich dem Verlag!

Die Klärung geht hier von der 'Interaktionalen Soziolinguistik' John Gumperz' aus. Die ungeklärte Intersubjektivitätsproblematik bei Gumperz führt zu einer weitergehenden Konstitutionsanalyse kommunikativer Mitteilungs- und Verstehensprozesse. Mit Rekurs auf Ungeheuer und Schütz und in Abgrenzung zu systemtheoretischen und radikalkonstruktivistischen Analyseansätzen wird ein handlungstheoretisches Kommunikationsverständnis ausgearbeitet, mit dem interkulturelle Kommunikation als Spezialfall einer pragmatischen Abstimmung perspektivgebundener Deutungsmuster begriffen werden kann.

(b) Methodologische Klärung:
Hermeneutische Wissenssoziologie und die Hermeneutik des Fremden

Methodologisch orientiert sich die Analyse an den Prinzipien einer 'Hermeneutischen Wissenssoziologie'. Die 'Hermeneutische Wissenssoziologie' „ist Teil einer mundanphänomenologisch informierten Soziologie des Wissens und methodologisch-methodisch Teil einer hermeneutisch die Daten analysierenden, strukturanalytisch modellbildenden, interpretativen Sozialforschung" (Hitzler/Reichertz/Schröer 1999: 10). Thematisch legt sie es darauf an herauszuarbeiten, aufgrund welcher Sinnbezüge gehandelt wurde, wie gehandelt wurde. Die Möglichkeit dazu ist angelegt in den Verstehensprozessen des Alltags. Der Sozialforscher geht davon aus, dass Menschen sich alltäglich über die Verwendung weitgehend ähnlicher Erfahrungstypen orientieren, indem sie jeweils die Beweggründe und die Mitteilungen des anderen verstehend nachzuzeichnen suchen. An dieser unterstellten Invariantsetzung von Motivationszusammenhängen und Deutungsmustern richtet der wissenschaftliche Interpret seine Beschreibung sozialer und kommunikativer Prozesse aus. Das ist ihm möglich, soweit er selbst in den relevanten und kulturspezifischen Orientierungszusammenhang einsozialisiert ist.

In Anbetracht solcher Rekonstruktionsvoraussetzung wird das spezifische methodologische Problem einer Untersuchung Interkultureller Kommunikation sofort deutlich: Es fragt sich, auf welche Weise ein Interpret die fremdkulturelle Perspektive eines Interakten angemessen rekonstruieren kann. *Im Zentrum einer methodologischen Klärungen steht somit die für eine Hermeneutik des Fremden konstitutive Frage, nach welchem Prinzip und mit welcher Zielsetzung eine fremdkulturelle Perspektive angemessen methodisch kontrolliert rekonstruiert werden kann.*

(c) Methodische Klärung:
die einzelfallanalytische Auswertung mit Hilfe von Co-Interpreten

Wenn methodologisch die Rekonstruktionsprinzipien festgelegt sind, dann kann ein hermeneutisch interkulturelles Verständigungsverfahren zur Auswertung fremdkultureller Daten ausgearbeitet und bestimmt werden. *Die Ausarbeitung geeigneter Verfahren kann dabei durchaus variieren. Sie ist stark abhängig von dem jeweiligen Untersuchungsgegenstand. Hier wird beispielhaft ein methodisches Verfahren vorgestellt, das die hermeneutische Interpretation gemeinsam mit den kulturvertrauten Co-Interpreten regelt und anleitet.*

Eine empirische Untersuchung Interkultureller Kommunikation fordert also *ineinander greifende grundlagentheoretische Abklärungen zur interkulturellen Kommunikation auf drei Ebenen, die in dieser Einführung in drei Abschnitten neutral abgehandelt werden*: Kommunikationstheoretisch wird es darum gehen, die spezifische Problemlage und die Möglichkeit kommunikativer Verständigung unter der Bedingung kulturspezifischer Erfahrungsungleichheit zu bestimmen (Kap. 2). Methodologisch sollen anschließend die Verfahrensprinzipien bestimmt werden (Kap. 3), in Anbetracht der sich dann ein 'hermeneutisch interkulturelles Verständigungsverfahren' zur Auswertung fremdkultureller Daten entwickelt lässt. (Kap. 4).

2. Interkulturelle Kommunikation: Eine kommunikationstheoretische Verortung

2.1. Kommunikation als Kontextualisierung: Interaktionale Soziolinguistik und interkulturelle Kommunikation

Die Bezeichnung 'Interkulturelle Kommunikation' legt die Annahme nahe, dass spezifische soziokulturelle Kontexte, in die kommunikative Akte jeweils eingelassen sind, den Ausschlag für die Bedeutungszumessung geben. Fraglich bleibt, wie das Verhältnis der kommunikativen Äußerungen von Subjekten zu den bedeutungskonstitutiven kulturellen Kontexten angelegt ist – und abgeleitet: wie kommunikationsanalytisch auf dieses Verhältnis zuzugreifen ist. Erst wenn diese Fragen im allgemeinen hinreichend beantwortet sind, lässt sich im besonderen die interkulturelle Kommunikationslage genauer bestimmen und untersuchen. John Gumperz' Kontextualisierungsansatz ist als Ausgangspunkt für eine grundlagentheoretische Klärung interkultureller Kommunikationsprozesse interessant, weil er, Gumperz, aus der empirischen Beschäftigung mit interkultureller Kommunikation ein kommunikationstheoretisches Konzept entwickelt hat, das für sich in Anspruch nimmt, die Bedingung der Möglichkeit kommunikativen Handelns allgemein zu beschreiben. D.h.: Die Beschreibung interkultureller Kommunikation wird kommunikationstheoretisch fundiert vorgenommen, und der von Gumperz entwickelte Kontextualisierungsansatz dürfte – so lässt sich aufgrund seiner Entstehungsbedingungen annehmen – in besonderer Weise sensibilisiert sein für die Beschreibung dieser Prozesse. Die anstehende kommunikationstheoretische Klärung der Charakteristik interkultureller Kommunikationsprozesse soll dann auch an der Darstellung und an der Auseinandersetzung mit der von Gumperz entworfenen „Interaktionalen Soziolinguistik" ansetzen. Mit der Frage nach der bedeutungskonstitutiven Relevanz des soziokulturellen Kontextes ist der Ausgangspunkt der von Gumperz entwickelten Kommunikationstheorie beschrieben. Gumperz hat sein Konzept in Abgrenzung zu Kontextfassungen in der strukturalen Linguistik und in der Sprachsoziologie entwickelt.

2.1.1. Der Kontextualisierungsansatz

2.1.1.1. Abgrenzungen zu strukturalistischen Positionen: die Situationsorientierung

In der linguistischen Forschung ist den situativen Kontexten, in denen sprachliche Akte umgesetzt werden, lange Zeit keine so große Bedeutung beigemessen worden. Man konzentrierte sich in der Folge de Saussures auf die 'innersprachlichen' Strukturen der Bedeutungskonstitution (langue), auf das „grammatikalische(s) System, das virtuell in jedem Gehirn existiert" (de Saussure 1967: 16) und „das soziale Band" einer Sprachgemeinschaft ausmacht.

> „Indem man die Sprache vom Sprechen scheidet, scheidet man zugleich: 1. das Soziale vom Individuellen; 2. das Wesentliche vom Akzessorischen und mehr oder weniger Zufälligen." (de Saussure 1967: 16)

Diese Grundposition wurde auch in der Sprechakttheorie (Searle 1971) beibehalten, in der die pragmatischen Bedingungen für das Gelingen eines Sprechakts als abstrakte Regeln gefasst keinerlei konstitutive Beziehung zur aktuellen sozialen Wirklichkeit, in der sie zur Geltung kommen sollen, aufweisen.
Jede *strukturale Linguistik* hat mit dieser Programmatik zwei Probleme zu lösen: das Defintions- und das Anwendungsproblem. Der Versuch einer Lösung beider Probleme führt allerdings jeweils unweigerlich in einen *Regelregress*. Es ist weder möglich, Sprechaktkategorien eindeutig und unabhängig von spezifischen Gebrauchskontexten zu bestimmen, noch ist eine eindeutige Zuordnung spezifischer Kontexte unter Anwendungsregeln denkbar

(Streeck 1983: 28f). Von daher ist auch der Versuch der Sprechakttheorie, kontextneutrale Regeln in Bezug auf pragmatische Verwendungsweisen von Sprache aufzustellen, von vornherein zum Scheitern verurteilt.
Mit dem Aufkommen *sprachsoziologischer und soziolinguistischer Ansätze* änderte sich die Lage. Sprachlich kommunikative Bedeutungsproduktion wurde nun vor dem Hintergrund gesellschaftlicher Rahmensetzungen begriffen. Dabei verstand man *Kontext als relativ festgefügten Bedingungsrahmen*, in den hineinversetzt die Subjekte in der Verwendung sprachlicher Zeichen eindeutige Bedeutungen produzieren, die dann auch von den in diesen Kontext eingebundenen Interaktionspartnern mühelos verstanden werden (vgl. hierzu Wunderlich 1972; Bernstein 1981 a und b). Entscheidend ist nun, dass Kontext als Arsenal subjektunabhängiger, vorgängiger Merkmale (wie z.B. Schichtzugehörigkeit, soziale Rolle) aufgefasst wird, mit denen bestimmte, für diesen Kontext typische sprachliche Zwänge verbunden sind, die vom Subjekt umgesetzt werden. So spricht Auer dann auch in diesem Zusammenhang von einem „unidirektionalen" Verhältnis zwischen Kontext und Interaktion (Auer 1986: 23). Die Subjekte richten sich in diesem Verstande nicht hintergehbar an den ihnen vorgegebenen gesellschaftlichen Kontexten aus und haben keine Möglichkeit, auf diese Kontexte zurückzuwirken.

Mit der *„Ethnographie der Kommunikation"* ist ein etwas anders konzipierter Zugriff auf das Verhältnis von Kontext und Interaktion vorgeschlagen. In der Tradition der ethnographischen Arbeit vor allem von Malinowski befasst sich die Ethnographie der Kommunikation

> „mit den Situationen und Gebrauchsweisen, den Mustern und Funktionen des Sprechens als einer gesellschaftlichen Aktivität aus eigenem Recht." (Hymes 1979: 33)

Das Augenmerk richtet sich auf die kommunikative Kompetenz der Mitglieder einer Sprechgemeinschaft. In Abgrenzung zur linguistischen Kompetenz ist mit kommunikativer Kompetenz die

Fähigkeit gemeint, über die die Mitglieder einer Ortsgemeinschaft verfügen müssen, um an den verschiedenen für ihre Ortsgemeinschaft typischen Sprechereignissen in einer für die Mitglieder der Ortsgemeinschaft akzeptablen Weise teilnehmen zu können. Diese kommunikative Kompetenz ist dann auch die Bedingung dafür, dass die 'Sprechökonomie' einer Gesellschaft, der vorgegebene kontextuelle Deutungsrahmen, im Großen und Ganzen erhalten bleibt, weil er immer wieder von Neuem situativ umgesetzt werden kann und wird. Damit ist gemeint: In der situativen Verwendung von für eine Ortsgemeinschaft typischen sprachlichen Zeichen zeigt ein Subjekt seinen Kommunikationspartnern an, wie es in dieser Situation verstanden werden will und auf welchen Deutungskontext es abhebt. In seiner Reaktion gibt der Kommunikationspartner dann an, welchen Bezugsrahmen er realisiert hat. Und in seiner Reaktion kann dann das erste Subjekt wiederum anzeigen, ob der von ihm angedeutete Bezugsrahmen tatsächlich gewählt wurde, ob es sich verstanden sieht usw. D.h.: Erst in der *wechselseitigen Realisierung eines angezeigten kulturspezifischen Gebrauchskontextes* behauptet sich dieser Kontext als eine sozial und kommunikativ relevante Realität. So ist eine Krankenschwester nicht Krankenschwester, weil sie vorgängig so typisiert wurde, sondern weil sie in den konkreten Situationen in der Verwendung entsprechender, für ihre Ortsgruppe typischer kommunikativer Mittel immer wieder von neuem anzeigt, Krankenschwester zu sein, und weil diesen Anzeigen von den Interaktanten ihrer Ortsgemeinschaft (ÄrztInnen, KollegInnen, PatientInnen) mit den entsprechenden Reaktionen entsprochen wird.

Das ethnographische Kontextkonzept macht gegenüber den linear strukturalistischen Konzepten explizit darauf aufmerksam, dass Kontexte nur mit Bezug auf die leistenden Subjekte angemessen begriffen werden können. Kontexte sind ohne die sie sozial tragenden Subjekte nicht denkbar, und sie realisieren sich von daher immer wieder neu aus dem kommunikativen Zusammenspiel eben dieser Subjekte. Indem sie, die einzelnen Subjekte, sich die vorgegebenen Kontexte verinnerlichend aneignen und 'freiwillig' handelnd umsetzen, reproduzieren sie eben diese Kontexte und erhalten so deren Wirklichkeit. Eine Wirklichkeit der Kontexte jenseits dieser permanenten, allgegenwärtigen und erlebnisträchtigen Aneignungs- und Umsetzungsprozesse gibt es nicht. Insofern sind sie zutiefst subjektiven Ursprungs.

Im Rahmen der Ethnographie der Kommunikation haben sich zwei forschungsprogrammtische Grundorientierungen herausgebildet. Mit dem im Rahmen seiner *„Ethnographie des Sprechens"* entwickelten Ansatz (Hymes 1979; zusammenfassend: Saville-Toike 1982; Schiffrin 1994: 137-189) geht es Hymes darum, – an einem allgemeinen Merkmalskatalog orientiert – die Regeln der Sprechökonomie verschiedener Ortsgesellschaften mit dem Ziel zu beschreiben, sie abschließend vergleichen zu können. Das Problem dieses Ansatzes besteht darin, dass mit der Einnahme einer vermeintlich universalistischen Außenperspektive der Blick für die kommunikative Binnenperspektive verstellt ist. Hymes verzichtet mit seinem methodischen Vorgehen darauf, das 'generative Prinzip' der Sprechgewohnheiten spezifischer Ortsgemeinschaften, deren strukturellen Gebrauchskontextkern, zu ermitteln. Die Bedeutung von Sprechereignissen kann so letztlich nicht an den relevanten, spezifischen Gebrauchskontexten bestimmt werden. Der v.a. auf Goodenough (1964) und Frake (1964, 1972, 1980) zurückgehende, im Diskurs als *„Kognitive Anthropologie"* bekannte Ansatz bemüht sich hingegen in erster Linie um die Rekonstruktion der kulturspezifischen Binnenperspektive:

> „Die Prinzipien, nach denen Menschen in einer Kultur ihre Welt konstituieren, enthüllen, wie sie das Wichtige vom Unwichtigen unterscheiden, wie sie Informationen kodieren und wiedergewinnen, wie sie Ereignisse antizipieren, wie sie alternative Verhaltensweisen definieren und zwischen ihnen Entscheidungen treffen. Folglich wird eine Strategie ethnographischer Beschreibung, die den kognitiven Prozessen der beteiligten Handelnden einen zentralen Platz einräumt, zuverlässige kulturelle Daten zu den problematischen Beziehungen zwischen Sprache, Wissen und Verhalten beisteuern." (Frake 1980: 337)

Das Problem dieses von Goodenough und Frake vertretenen Programms besteht in der unterstellten Verdinglichung des Subjekts durch die kulturellen Regelapparate. Es gehe darum, Taxonomien aufzustellen,

> „die wie die Grammatik der Linguisten bündig feststellen, was man wissen muß, um entsprechend einem gegebenen sozioökologischen Kontext kulturell akzeptable Handlungen und Äußerungen erzeugen zu können." (Frake 1980: 337; vgl. Goodenough 1964: 36f)

So besteht die Gefahr einer zu groben Stereotypenbildung, mit der erforderliche Ausdifferenzierungen behindert sind (Roth 1993: 280ff). Überdies dürfte es auch in diesem Konzept schwierig sein, die situative Umsetzung des spezifischen Regelwissens durch die Mitglieder einer Ortsgesellschaft nachvollziehbar zu erklären. Es ist vor allem das Verdienst von Clifford Geertz (1987a: 16ff) und John Gumperz (1982), auf dieses Dilemma aufmerksam gemacht und für die Ethnologie und für die Soziolinguistik verwandte Lösungen angeboten zu haben. Geertz schlägt vor, die situative Umsetzung der kulturspezifischen Regelungen in den Vordergrund zu stellen:

> „Dem Verhalten muß Beachtung geschenkt werden, eine recht gründliche Beachtung sogar, weil es nämlich der Ablauf des Verhaltens ist – oder genauer gesagt, der Ablauf des sozialen Handelns –, in dessen Rahmen kulturelle Formen ihren Ausdruck finden." (Geertz 1987a: 25)

Mit der Konzentration auf die natürlichsprachlichen Gesprächskontexte wird es möglich, einerseits das kulturspezifische Hintergrundwissen und anderseits die situativen Ausdeutungen dieses Regelwissens und damit die kommunikative Dynamik einer Gesellschaft in den Blick zu nehmen.

> „Als ineinandergreifende Systeme auslegbarer Zeichen (...) ist Kultur keine Instanz, der gesellschaftliche Ereignisse, Verhaltensweisen, Institutionen oder Prozesse kausal zugeordnet

> werden können. (...) Der Blick auf das Gewöhnliche an Orten, wo es in ungewohnten Formen auftritt, läßt nicht, wie oft behauptet, die Willkürlichkeit menschlichen Verhaltens zutage treten (...), sondern das Maß, in dem seine Bedeutung entsprechend den Lebensmustern, von denen es bestimmt ist, variiert." (Geertz 1987a: 21)

Gumperz greift auf eine vergleichbare Bestimmung von kultureller Vororientierung und situativer 'Umsetzung' zurück. Auch er kritisiert die abstrakte Fassung von kulturspezifisch orientierenden Wissensbeständen im Rahmen der „Ethnographie des Sprechens":

> „Apart from the fact that verbal interchanges rarely take the form of set, isolable routines and that event labels often do not characterize what is actually intended, there is the problem of inducing potential conversationalists to participate." (Gumperz 1982: 165)

Im Mittelpunkt seiner *Interaktionalen Soziolinguistik* soll die Erforschung der *situational kreativen Umsetzung von kulturspezifischen Deutungsmustern in der alltäglichen Kommunikation* stehen. Es geht im Kern darum zu zeigen, mit welchen kommunikativen Mitteln und Verfahren die Handlungssubjekte ihre *situative Kompetenz* zur Geltung bringen, indem sie sich jeweils anzeigen, in welchem gemeinsamen Kontext sie sich befinden und wie sie sich diesen kommunikativen Kontext in Bezug auf bestimmte situationsspezifische Zielsetzungen gemeinsam situativ aufbauen.

Die im Rahmen der „Ethnographie der Kommunikation" hervorgehobene Subjektgebundenheit der bedeutungskonstitutiven Kontexte wird erst aus dieser sozialtheoretischen Sicht mit Leben gefüllt: Das Subjekt – so die fundierende These – trägt den sozialen Kontext nicht in quasi automatischer Umsetzung ihm kulturspezifisch vorgegebener Deutungsmuster, sondern es stellt diesen Kontext in einem aktiven und kreativen Aneigungs- und Anpassungsprozeß immer wieder von Neuem situativ her. Es ist der *vororientierte Schöpfer dieses Kontextes*.

2.1.1.2. Kontextualisierung und Aktivitätstypen

Gumperz geht es darum, den verschiedenen strukturalistisch ausgerichteten Sprach- und Kommunikationsanalysen einen interaktionistischen Forschungsansatz entgegenzusetzen.[5] Damit trägt er der Dynamik der Bedeutungsproduktion im situativen Kontext Rechnung. Im Zentrum seines Forschungsinteresses steht der situative wechselseitige Verdeutlichungs- und Verweisungszusammenhang, über den die Handlungssubjekte sich jeweils ihre soziale Realität kommunikativ aufbauen. Damit legt Gumperz von vornherein einen reflexiven Kontextbegriff zugrunde.
Die Interaktanten werden nicht mehr als 'Vollstrecker' vorgegebener Orientierungsrahmen begriffen, sondern als Produzenten der für sie situativ relevanten Kontexte. Die Interaktanten erfinden und konstruieren ihre soziale Wirklichkeit allerdings nicht von Situation zu Situation neu. Sie eignen sich den ihnen vorgegebenen, aber situativ nicht eindeutigen kulturellen Orientierungsrahmen vielmehr gemäß den in einer aktuellen Situation relevanten Handlungszielen an, deuten ihn aus und zeigen ihn sich wechselseitig an. D.h.: Personen, die sich in einem gemeinsamen situativen Handlungszusammenhang befinden, müssen sich zum Zwecke der Koorientierung über ihre Handlungsintentionen und -ziele informieren. Dies erfolgt in aller Regel implizit und indexikal, so dass die Interaktanten gezwungen sind, auf der Basis der expliziten Äußerungen der Handlungspartner auf die zugrunde liegenden Absichten zu schließen. Gumperz nennt diesen Vorgang *„konversationelles Inferieren“*. Dieses wechselseitige Schließen von den wahrnehmbaren Äußerungen der Subjekte auf deren Absichten ist für die gemeinsame Bewältigung von Situationen ausschlaggebend. Von ihm hängt das Gelingen oder Misslingen der

[5] Die theoretische Konzeption der Interaktionalen Soziolinguistik kann hier nur grob skizziert werden. Ausführlich hat Gumperz selbst seine Konzeption in seinem Hauptwerk „Discourse Strategies“ (1982) dargelegt. Ausführliche Zusammenfassungen finden sich in Steeck 1983: 36-74; Auer 1986, 1992: 1-38; Schmitt 1993; Schiffrin 1994: 97-136 u. 369f; Knoblauch 1991.

Handlungskoordinierung ab.

Das situative Erschließen der Handlungsintentionen durch die Interaktionspartner ist nur möglich, weil die Interaktanten über ein Wissen um *Kontextualisierungsschlüssel* verfügen, mit denen auf in etwa gemeinsame kulturelle Hintergrundinformationen verwiesen ist. Kontextualisierungsschlüssel sind gemeinsam geteilte Zeichenträger, mit denen die Handelnden sich wechselseitig relativ eindeutig ihre Absichten anzeigen können. Kontextualisierungshinweise sind bei weitem nicht nur sprachlich verfasst, sondern auf allen Ebenen der Kommunikation angesiedelt, und sie gewinnen ihre spezifische Bedeutung aus ihrem jeweiligen Zusammenspiel, aus dem Zeichenkontext, in dem sie aktuell auftreten und in Bezug auf den sie vom Interaktionspartner situativ erschlossen werden müssen. Von daher ist auch eine lexikalische Auflistung der Bedeutung von einzelnen Zeichen nicht möglich. Mit der spezifischen Verwendung von Kontextualisierungshinweisen zeigen sich die Handlungspartner also den für sie situativ relevanten Kontext an. Dies ist ihnen möglich, weil mit spezifischen Zeichenkombinationen der gemeinsame kulturelle Deutungsrahmen situativ variabel thematisiert werden kann. D.h.: In der Verwendung spezifischer Zeichenkomplexe markieren die Interaktionsteilnehmer situationsangepasst den Teil ihres gemeinsamen kulturellen Hintergrundwissens, der für die Bewältigung dieser Situation relevant ist. Diesen Vorgang nennt Gumperz *„Kontextualisierung"*.

> „I use the term 'contextualization' to refer to speakers' and listeners' use of verbal and nonverbal signs to relate what is said at any one time and in any one place to knowledge acquired through past experience, in order to retrieve the presuppositions they must rely on the maintain conversational involvement and assess what is intended. The notion of contextualization must be understood with reference to a theory of interpretation." (Gumperz 1992: 230)

Mit der von Gumperz eingeschlagenen interaktionistischen Forschungsperspektive stellt sich die Frage nach den Prinzipien für empirische Untersuchungen. Dass die Interaktionale Soziolinguistik eine „Zuwendung zu den Situationen, in denen lebende Menschen sprechend handeln“ (Knoblauch 1995: 102) fordert, erscheint selbstverständlich. Schwieriger ist die Frage nach der Form der Verallgemeinerung zu beantworten. Auer nimmt eine eher formale Systematisierung vor, mit der er auf die in jeder Situation vorzunehmenden Ebenen der Kontextualisierung abhebt:

> „Das generelle Schema des fokussierten Interagierens, die Schemata des ‘turn-taking’ (also ‘Rezipient’, ‘Zuhörer’, ‘Sprecher’, ‘Adressat’), Handlungsschemata, thematische Schemata sowie Beziehungsschemata.“ (Auer 1986: 27)

In Bezug auf diese Kontextualisierungsebenen stellt Auer nun aber keine situationsneutralen abstrakten Regeln vor, sondern er verweist, den empirischen Forschungsstand referierend, auf kommunikationsgattungstypische und handlungstypspezifische Kontextualisierungsgepflogenheiten in Bezug auf die veranschlagten Ebenen. Diese Herangehensweise korrespondiert mit dem Vorschlag von Gumperz, die Ebene der Aktivitätstypen in den Vordergrund zu stellen:

> „In fact I would argue that a cognitive approach to discourse must build on interaction. It must account for the fact that what is relevant background knowledge changes as the interaction progesses, (...). We need a semantic concept (...) use of the term ‘event’ defined in terms of communicative goals. For this purpose, we will use the term ‘speech activities’. A speech activity is a set of social relationships enacted about a set of schemata in relation to some communicative goal (...) Such discriptions imply certain expectations about thematic progession, turn taking rules, form, and outcome of the interaction, as well as constraints on content.“ (Gumperz 1982: 165f)

Die Verallgemeinerung des kommunikativen Haushalts auf solche Aktivitätstypen hin erscheint auch deshalb sinnvoll, weil mit ihnen keine starr eindeutigen Deutungsmuster und Handlungsanweisungen festgeschrieben sind. Aktivitätstypen erinnern an die

Typisierungen bei Schütz. Sie „setzen selbst keine konstanten kontextuellen Präsuppositionen voraus, sondern lassen Raum für dynamisch wechselnde und im Verlauf der Interaktion neu entstehende Kontexte“ (Schmitt 1993: 331). Sinnvoll erscheint die Rekonstruktion von Aktivitätstypen in zwei Richtungen: zum einen in Bezug auf die eher formalen „Kommunikativen Gattungen“ (Luckmann 1986; zusammenfassend Günthner/Knoblauch 1997) und zum anderen in Bezug auf die eher an spezifischen Situationstypen ausgerichteten Handlungstypen (Soeffner 1989; Schröer 1997a). Mit Blick auf das Komplexitätsniveau nehmen Aktivitätstypen eine Zwischenstellung ein. Mit ihrer Beschreibung ist angezeigt, (a) welche untergeordneten Kontextualisierungsschlüssel für diesen Typ bezeichnend bzw. mit ihm ausgeschlossen und (b) welche Einbindungsmöglichkeiten in übergeordnete Handlungszusammenhänge (z.B. komplexe soziale Situationen) mit ihnen gegeben sind.

2.1.1.3. Repertoiregemeinschaft und interkulturelle Kommunikation

Die sogenannte ‘Sprachgemeinschaft’ gilt als der Träger des allgemeinsten integrierten Kommunikationsrahmens. Was aber charakterisiert eine Sprachgemeinschaft aus dem Verständnis der „Interaktionalen Soziolinguistik“? Ein Konzept, das die Bedeutung von Zeichen an die situationsangemessene Verwendung eines gemeinsamen situationsabgehobenen Hintergrundwissens durch die Interaktanten festmacht, kann kaum die Nutzung gemeinsamer sprachlicher Zeichen, einer gemeinsamen Sprachform, – wie der Eigenname suggeriert – als zentrales Kriterium zulassen. Die sogenannten Sprachgemeinschaften konstituieren sich über ihr gemeinsames Wissen darum, welche vergleichbaren Situationen von ihren Mitgliedern immer wieder herzustellen sind und mit welchen variabelkomplexen kommunikativen Verfahren diese Situationen von ihnen konstituiert und bewältigt werden können. In diesem Sinne verfügen Sprachgemeinschaften über ein *gemeinsames 'Repertoire'*, über das sie sich jeweils als Gemeinschaft definieren. Ein Repertoire entspricht der

> „Gesamtheit der paradigmatisch geordneten Mengen von Alternativen, die Signalwert haben für die jeweilige Population. Ein Repertoire besteht nach allgemeinem Verständnis aus einem Bereich vorgefertigter Optionen, die für den Gebrauch unter spezifischen situativen Bedingungen zur Verfügung stehen." (Gumperz 1994: 613)
> D.h.: "Repertoires beinhalten nun nicht mehr nur sprachliche Elemente; um die sie konstituierenden Varietäten zu verwenden, bedarf es zusätzlich eines Gebrauchswissens über soziale Situationen und des darin angebrachten Verhaltens. (...) Anstatt durch eine Sprache werden Gesellschaften nunmehr durch Repertoires definiert, und die situationsabhängige Verwendung von Varietäten bedeutet, daß Sprecher gewissermaßen 'ein Repertoire sprechen'." (Knoblauch 1995: 104)

Diese Bestimmung wird sozusagen negativ bestätigt in der Analyse von Kommunikationssequenzen mit Interaktanten, die zwar 'eine Sprache sprechen', aber verschiedenen Ethnien angehören. Gumperz hat in seiner Schrift „Discourse Strategies" beispielhaft verschiedene Sprechereignisse vorgestellt und interpretiert, mit denen deutlich wurde, dass von diesen Interaktanten wechselseitig wesentliche Kontextualisierungsschlüssel nicht realisiert oder in Hinsicht auf die Kommunikationsabsicht falsch kontextualisiert wurden (1982: 130-152). Sehr eindrucksvoll ist in diesem Zusammenhang die Analyse eines juristischen Verfahrens gegen einen der fahrlässigen Tötung angeklagten philippinischen Arzt in den USA (Gumperz 1982a: 163-194). Gumperz arbeitet im linguistischen Teil seiner Analyse in der detaillierten Beobachtung der kommunikativen Abläufe heraus, dass die Sprache des ansonsten ein recht ordentliches amerikanisches Englisch sprechenden Arztes einige markante, auf den ersten Blick nicht sonderlich auffällige Besonderheiten aufwies, die sich allerdings häufig in sachlichen Konfliktsituationen zeigten. Gumperz ging der Bedeutung dieser diskreten sprachlichen Auffälligkeiten nach und lernte sie als Verweise auf Besonderheiten der Herkunftssprache verstehen, die unterschwellig Eingang in das sprachliche Handeln des Arztes gefunden hatten und so von den Kriminalbeamten und Juristen nicht verstanden werden konnten: Der Arzt hatte sprachliche Strukturen des Tagalog, seiner philippinischen Herkuftssprache, so ins Amerikanische übertragen, dass seine Rede für die amerikanischen native speaker zwar einen Sinn ergab, der sich aber nicht mit dem von dem Arzt intendierten Sinn deckte. Der Arzt konnte sich so trotz seiner ansonsten hervorragenden Englischkenntnisse nicht angemessen verteidigen. Im zweiten, dem kulturellen Teil seiner Analyse konnte Gumpertz für diesen Fall herausarbeiten, dass der Arzt, der in einer medizinischen Untersuchungssituation eine 'nahe liegende' Kindesmisshandlung nicht aufgedeckt hatte, vor dem Hintergrund kulturspezifischer Gepflogenheiten und Umgangsnormen nicht in der Lage war einzugreifen: In den Philippinen ist Kindesmisshandlung als Tatbestand in der Form nicht bekannt und noch nicht einmal sprachlich repräsentiert. Und überdies hätte ein Außenstehender, auch ein öffentlicher Beamte, bei der Feststellung von Misshandlungssymptomen kaum eine Handhabe, sich in die innerfamiliären Belange aus einer öffentlichen Perspektive heraus einzuschalten. Dies würde als anmaßend empfunden. Auf dieser Ebene führten also kulturabweichende Kontextualisierungen in Bezug auf die Situationsdefinition zu nur schwer auflösbaren Missverständnissen. Da dem Arzt seine Haltung selbstverständlich war, brachte er für die ihm entgegengebrachten Vorwürfen kein Verständnis auf, so dass es ihm auch auf dieser Ebene schwerfiel, sich angemessen zu verteidigen. Ähnliche kommunikative Problemlagen zeigt Gumperz für Bewertungsgespräche, Sitzungen von Entscheidungsgremien und für alltägliche Gesprächssituationen auf (Gumperz 1982a). Vor diesem Hintergrund kann nun auch bestimmt werden, worin die *Problematik interkultureller Kommunikation* besteht. Genauso wie eine Sprachgemeinschaft nicht mit Verweis auf die Nutzung gemeinsamer sprachlicher Zeichenträger charakterisiert werden kann, so lässt sich auch interkulturelle Kommunikation nicht mit einem Verweis auf das Fehlen gemeinsamer sprachlicher Zeichenträger bestimmen. Das Fehlen eines gemeinsamen Zeichenträgerrepertoires ist noch nicht einmal ein zwingendes Merkmal interkultureller Kommunikation. Entscheidend ist, *dass in interkultureller Kommunikation Interaktanten aufeinander treffen, die nicht (ohne weiteres) auf gemeinsame Kontextualisierungsroutinen zurückgreifen können.* Dies kann schon, muss aber nicht darin zum Ausdruck kommen, dass sie verschiedene sprachliche Zeichenträger verwenden. Selbst die von Gumperz so häufig rekonstruierten Abweichungen in der Verwendung des parasprachlichen Zeichenträgerapparates sind keine unabdingbare Voraussetzung. *Entscheidend ist, dass keine übereinstimmende Kontextualisierung zustande kommt – und das ist im Prinzip auch möglich bei Verwendung eines nahezu identischen Zeichenträgersystems.* Gumperz, Jupp und Roberts halten hinsichtlich der Probleme interkultureller Kommunikation drei kommunikative Ebenen auseinander:

> „(1) Different cultural assumptions about the situation and about appropriate behaviour and intentions within it.
>
> (2) Different ways of structuring information or an argument in a conversation.
>
> (3) Different ways of speaking: the use of a different set of unconscious linguistic conventions (such as tone of voice) to emphasise, to signal connections and logic, and to imply the significance of what is being said in terms of overall meaning and attitudes.“ (Gumperz/Jupp/Roberts 1979: 5)

2.1.2. Probleme des Kontextualisierungsansatzes: Strukturale Soziolinguistik und interkulturelle Kommunikation

Kommunikationstheoretisch besteht die Leistung der „Interaktionalen Soziolinguistik“ in der Hervorhebung der Dynamik des kommunikativen Geschehens. Das Gumperzsche Forschungsprogramm ist mit dem Begriff „Kontextualisierung“ auf den Punkt gebracht: In der situativen Verwendung von Kontextualisierungsschlüsseln verweisen die Interaktionspartner auf gemeinsam geteilte Deutungsschemata, legen diese der Situation entsprechend aus und schaffen sich so ihren aktuellen Handlungskontext. Damit ist zum einen die zentrale Bedeutung der Handlungssubjekte für den Aufbau der sozialkulturellen Wirklichkeit und zum anderen damit einhergehend die Flexibilität der Deutungsschemata (vgl. Gumperz 1994: 612f) hervorgehoben. Es bleibt die Frage, in welchem Verhältnis dieser situative und subjektive Auslegungsprozess zu den geteilten Deutungsschemata jeweils steht. Zwei Möglichkeiten stehen hier zur Verfügung:

(a) Das situationsabgehobene Deutungsschema bietet den Interaktanten einen Interpretationsspielraum an, in dem sie sich bewegen und den sie in situativen Varianten umsetzen können: Der ‘token’ ist eine Variation des ‘types’.

(b) Die situationsspezifische Auslegung des situationsabgehobenen Deutungsschemas stellt eine Veränderung des Deutungsschemas selbst dar: Der ‘token’ modifiziert den ‘type’.

Gumperz konzentriert sich in seinen theoretischen und empirischen Analysen auf die erste Variante (‘token’ variiert ‘type’). Diese Einschätzung drängt sich bei der Lektüre der Schriften nicht unbedingt sofort auf, hebt Gumperz doch immer wieder die Bedeutung der situativen Kompetenz der Beteiligten hervor. Er wird nicht müde zu betonen, dass sich die Bedeutung der Kontextualisierungsschlüssel erst in den wechselseitigen Reaktionen der Handlungssubjekte, in deren hypothetischen Unterstellungen von Handungsabsichten usw. realisiert.

> „1. Situated interpretation of any utterance is always a matter of inferences made within the context of an interactive exchange, the nature of which is constrained both by what is said and by how it is interpreted. 2. Inferencing (...) is presupposition-based and therefore suggestive, not assertive. It involves hypothesis-like tentative assessments of communicative intent, that is, listener’s interpretation of what the speaker

seeks to convey, in roughly illocutionary terms. These assessments can be validated only in relation to other background assumptions, and not in terms of absolute truth value. 3. Although such background assumptions build on extalinguistic 'knowledge of the world', in any one conversation this knowledge is reinterpreted as part of the process of conversing so that it is interactively, (...)." (Gumperz 1992: 230)

Aber trotz der steten Hervorhebung der leistenden Subjektivität wird immer wieder deutlich, dass Gumperz ('bloß') die situativen Variationen von vorgegebenen Deutungsrahmen anspricht. Dies deutet sich schon in dem obigen Zitat an und kommt in anderen Passagen klarer zum Ausdruck:

„The identification of specific conversational exchanges as representative of socio-culturally familiar activities is the process I have called 'contextualisation'. It is the process by which we evaluate message meaning and sequencing patterns in relation to aspects of the surface structure of the message, called 'contextualization cues'. The linguistic basis for this matching procedure resides in 'co-occurrence expectations,' which are learned in the course of previous interactive experience and form part of our habitual and instinctive linguistic knowledge. Co-occurrence expectations enable us to associate styles of speaking with contextual presuppositions." (Gumperz 1982: 162)

„Conversationalists thus rely on indirect inferences which build on background assumptions about context, interactive goals and interpersonal relations to derive frames in terms of which they can interpret what is going on." (Gumperz 1982: 2)

„Ich verwende den Begriff 'Netzwerk' oder 'Beziehungsnetzwerk' für institutionalisierte interpersonelle Verbindungen, die regelmäßige und häufige Kommunikation mit bestimmten-Kommunikationszielen mit sich bringen. Meine Annahme ist dabei, daß die Beteiligung an solchen Netzwerkbeziehungen mit spezifischen Kommunikationszielen verbunden ist und daß diesen Zielen bestimmte Kommunikationsverfahren entsprechen." (Gumperz 1994: 623f)

In diesem Sinne heben auch die vielen emprischen Plausibilisierungen immer wieder auf situative Variationen allgemeiner Deutungsschemata ab (Gumperz 1982: 130ff; 1982a: 163ff; 1994: 621ff). Dabei gilt es eben für die interkulturelle Kommunikation als typisch, dass die Deutungsmuster kulturspezifisch nicht zur Deckung kommen, was dann automatisch stets zu Missverständnissen führe. Die reklamierte herausgehobene Bedeutung des situativen Aushandlungsprozesses tritt so in den Hintergrund (vgl. Hinnenkamp 1989: 14ff).[6] Gumperz macht immer wieder deutlich, dass es ihm mit seinem Konzept der „Interaktionalen Soziolinguistik" darum geht, eine Grenze zum linguistischen und sprachsoziologischen Strukturalismus zu ziehen. Er zeigt positiv auf, dass die soziokulturelle Wirklichkeit sich erst in den situativen Kontextualisierungsleistungen der Handlungssubjekte realisiert. Erst in den situativen Interpretationsleistungen der Subjekte – so Gumperz – zeige sich, ob und in welcher Weise die jeweils gesellschaftlich vorgegebenen Orientierungsrahmen, die Normen und Wertvorstellungen, die spezifischen Problemlagen und Lösungsroutinen etc. überhaupt relevant sind. In diesem Sachverhalt sieht Gumperz den interaktionistischen Grundzug seiner Interpretationstheorie angelegt. Weil Gumperz sich aber darauf beschränkt, 'token' als Variationen von 'types' zu analysieren, ist diese Selbsteinschätzung gewagt. Die „Interaktionale Soziolinguistik" verfügt zwar über einen deutlich interaktionistischen Akzent. Der darf aber nicht darüber hinwegtäuschen, dass auch in ihr das leistende Subjekt verbindlich strukturell gerahmt bleibt: *Die Handlungssubjekte sind darauf verwiesen, kulturspezifische Wissensschemata zu variieren und Spielräume situativ auszugestalten. Von daher lässt sich Gumperz' Konzept als interaktionistisch eingefärbter (handlungstheoretischer) Strukturalismus charakterisieren* (vgl. Schröer 1997b). So kommt es auch, dass Gumperz weder theoretisch noch empirisch

[6] Die Rezeption des Gumperzschen Ansatzes greift diese Tendenz auf. So stellt Schiffrin fest: „The contextual presuppositions signalled by contextualization cues inform us about our current activity by tying it to a more general framework of expectations about situated activity-types, of which our current activity is but a one specific example." (1994: 370; vergleiche hierzu auch Auer 1986, 1992 und Schmitt 1993).

auf situative Abweichungen, also Modifikationen, von Deutungsrahmen zu sprechen kommt. Aber erst in der Beschreibung von token als Modifikationen von 'types' käme ein interaktionistischer Grundzug voll zum Tragen.
Die Diskrepanz zwischen dem interaktionistischen Anspruch und der strukturalistischen Umsetzung des Kontextualisierungskonzepts resultiert aus einer mangelhaften grundlagentheoretischen Fundierung.[7] Gumperz klärt nicht hinreichend die Konstitution des Verhältnisses der vorgegebenen allgemeinen Deutungsmuster zu ihrer perspektivgebundenen Aneignung durch die Subjekte, die dann jeweils der Ausgangspunkt für die situativen Aushandlungsprozesse ist. So fragt es sich, wie ein allgemeiner Deutungsrahmen überhaupt vorstellbar ist in Anbetracht perspektivgebundener personaler Träger. Erst über eine konstitutionsanalytische Klärung der Intersubjektivitätsfrage dürfte zu beantworten sein, ob sich eine interaktionistische Position überhaupt durchhalten lässt oder ob tatsächlich eine strukturalistische Rahmung in Kauf genommen werden muss. In diesem Zusammenhang bleibt dann auch unklar, wie der situative Aushandlungsprozess selbst vonstatten geht und zu welchem Ergebnis er führt. Konkret stellt sich die Frage, ob die Interaktanten zu einer Übereinstimmung der Perspektiven kommen oder ob sie eher perspektivgebunden und situativ einen praktikablen Kompromiss erzielen. Die Frage wird nicht klar beantwortet, so dass auch auf der situativen Analyseebene die Intersubjektivitätsproblematik ungeklärt bleibt.
In Bezug auf die Beschreibung interkultureller Kommunikationsprozesse bietet der Kontextualisierungsansatz von John Gumperz zunächst einmal die Chance, „eines der Schlüsselprobleme interkultureller Kommunikation (, ...; N.S.) fehlgeschlagene Kommunikation oder auch Mißverständnisse" (Rehbein 1985: 9), plausibel zu erklären. Entsprechende Missverständnisse kommen demnach zustande, wenn die Interaktanten zu nicht übereinstimmenden Kontextualisierungen greifen. Überdies lässt sich mit dem situativen Aushandlungskonzept auch das Auftreten intrakultureller Missverständnisse begreifen und von interkulturellen abgrenzen.

[7] Vgl. hierzu auch die Kritik an Geertz in Kap. 3.2.1.1.

Intrakulturelle Missverständnisse kommen demnach als Folge nicht vollständig übereinstimmender Perspektiven zustande, lassen sich aber mit Bezug auf die allgemeinen Deutungsmuster relativ schnell in auszuhandelnden gemeinsamen Situationsdefinitionen beheben, was in interkultureller Kommunikation nicht so ohne weiteres möglich ist.
Damit kommt indirekt aber auch schon die Schwäche des auf Gumperz zurückgehenden Konzepts zur Beschreibung interkultureller Kommunikationsprozesse in den Blick. Mit diesem Konzept lassen sich kaum zufriedenstellend *interkulturelle Verständigungsprozesse* erklären. Denn: Die strukturalistische Engführung unterstellt „– zumindest in letzter Konsequenz –, daß die Interaktanten so schließlich zum reinen Anhängsel 'ihrer' Kultur werden. Daran ändern auch die interpretativen Kämpfe der Beteiligten nichts, weil sie sich immer nur um die Einordbarkeit in den konventionalisierten und routinisierten Haushalt kultureller Wissensschemata drehen." (Hinnenkamp 1989: 14) Interkulturelle Verständigungsprozesse dürften allerdings erst möglich werden, wenn die Grenzen des konventionalisierten Haushalts kultureller Wissensschemata überschritten werden. D.h.: Interaktanten, die sich zunächst selbstverständlich auf kulturbedingt divergierende Deutungsschemata beziehen, haben bei ihren Bemühungen um eine gemeinsame situative Verständigung gar keine andere Chance, als im situativen Verständigungsprozess aufeinander zugehend die jeweils gewohnten Wissensmuster so zu modifizieren, dass ein Verstehen zumindest in Teilen möglich wird. Sie sind gezwungen, im situativen Aushandlungsprozess ihre Deutungsgewohnheiten modifizierend abzugleichen. Die Beschreibung entsprechender interkultureller Verständigungsleistungen ist allerdings mit dem analytischen Instrumentarium einer „Interaktionalen Soziolinguistik" nur schwer vorstellbar. *Das letztlich identitätslogisch angelegte Kontextualisierungskonzept ist zu starr und bietet kaum einen Ansatz, die Entwicklung interkultureller Verstehensleistungen zu beschreiben.* Da die kulturspezifischen Ausgangsschemata nie ausgeblendet, nur intern modifiziert werden können, kann ein Verstehen im identitätslogischen Sinne nicht erreicht werden. In interkultureller Verständigung können sich Kontextualisierungsschlüssel strukturell

nicht auf im ganzen geteilte Erfahrungsschemata beziehen. So kommt es, dass die Beschreibung interkultureller Kommunikation von Gumperz nie unter dem Aspekt der Möglichkeit einer Entwicklung von Verständigung vorgenommen wird (vgl. hier vor allem das Beispiel in Gumpertz 1992).

An dieser Stelle machen sich die oben schon reklamierten grundlagentheoretischen Schwächen des Kontextualisierungsmodells gegenstandsbezogen bemerkbar. Das Problem interkultureller Verständigung lässt sich erst lösen, wenn die Intersubjektivitätsproblematik hinreichend bewältigt ist. Dabei gilt es, das Verhältnis von allgemeinem, situationsunspezifischem Deutungsrahmen zur Perspektivität subjektiver Erfahrungsbildung und zur situativen Verständigung in Anbetracht nicht unbedingt übereinstimmender Perspektiven zu klären. Wichtig wird sein, bei der Klärung den Bestand eines allgemeinen Deutungsrahmens nicht vorauszusetzen, sondern ihn in seiner Möglichkeit vor dem Hintergrund der Perspektivität jeder Erfahrungsbildung aufzuzeigen. *Nur wenn die Intersubjektivitätsproblematik vom Subjekt her geklärt wird, können sich Ansätze für ein Verständnis interkultureller Verständigungsprozesse ergeben, weil dieser Ausgangspunkt der Intersubjektivitätsproblematik in interkultureller Kommunikation in besonderer Weise entspricht.* Von daher bietet es sich an, die grundlagentheoretische Klärung an einer tiefergehenden Beschreibung des kommunikativen Mitteilungs- und Verstehensprozesses anzusetzen.

2.2. Kommunikation als Verständigung: eine kommunikationstheoretische Vertiefung

2.2.1. „Die Unwahrscheinlichkeit der Kommunikation"

Menschen sichern durch gemeinsame praktische Tätigkeiten ihr Überleben; sie lösen abgestimmt ihnen auferlegte alltagspraktische Probleme. Die Abstimmung ihrer Tätigkeiten erfolgt über gegenseitige Handlungsbeeinflussung. Die koordinierende Handlungsbeeinflussung wird im Normalfall zeichenhaft kommunikativ vermittelt.

> „Indirekte oder vermittelte Interaktion zwischen menschlichen Individuen sei Kommunikation genannt. In ihr wird die Handlung, die Ziel der Interaktion (als Sozialhandlung) ist, durch eine Zwischenhandlung erreicht, in der die Verwirklichung des Handlungsziels nicht nur für den Initianten, sondern auch für den Akzeptanten der Interaktion durch kognitiv-hypothetische Vorwegnahme vermittelt ist." (Ungeheuer 1987c: 83; vgl. auch: Juchem 1989: 20ff)

Im Zentrum der vermittelnden Interaktion steht der Versuch von Menschen, sich gegenseitig etwas mitzuteilen.

> „Wenn Menschen versuchen, sich mitzuteilen, sind sie von Problemen veranlaßt, die sie kommunikativ nur zu lösen vermögen, und aus diesem Grunde und zu diesem Zweck müssen sie zuerst eine Lösung für das interaktive Problem besitzen, sich mitzuteilen." (Ungeheuer 1987a: 337f)

Die Probleme, denen sich Menschen unweigerlich stellen müssen, wenn sie sich etwas mitteilen wollen, sind Ausgangspunkte der Kommunikationstheorie von Gerold Ungeheuer. Im Zentrum steht auch bei ihm die Frage nach der Intersubjektivität, also die Frage nach den Voraussetzungen für eine auf verschiedene Subjekte bezogene Gleichheit der Erfahrung. Ungeheuer setzt seine Beschreibung an der Dualität kommunikativen Handelns an:
Wenn Menschen kommunikative Anstrengungen unternehmen, verstanden werden zu wollen, dann hegen sie – so Ungeheuer – den Wunsch, dass andere Menschen bestimmte innere Erfahrungen mit ihnen teilen. Allerdings sind die inneren Erfahrungen alter ego nicht unmittelbar zugänglich. Direkt zugänglich sind ihm lediglich die äußeren Handlungen egos. Von daher besteht die einzige Möglichkeit für ego, seine inneren Erfahrungen mitzuteilen, darin, diese inneren Erfahrungen in äußere Handlungen so zu übersetzen, dass alter ego von diesen wahrnehmbaren äußeren Handlungen angeregt innere Erfahrungen aufbauen kann, die de-

nen egos entsprechen. D.h.: Will der Mensch verstanden werden, dann muss er seine inneren Erfahrungen vermittels äußerer Handlungen, vornehmlich über Sprechhandlungen, dem anderen mitteilen.

> „Allgemein möchte ich die kommunikativen Handlungen des Sprechers als die Anstrengung charakterisieren, den Hörer zu solchen inneren Erfahrungsakten des Verstehens anzuregen, die ihm zur Produktion derjenigen Wissensinhalte oder Verknüpfungen von Wissensinhalten geeignet erscheinen, welche er, der Sprecher, als zu kommunizierende meint. In diesem Sinne ist seine sprachliche Formulierung, ist jedes Sprachzeichen Plan und Anweisung an den Hörer, innere Erfahrungsakte zu vollziehen, von denen der Sprecher annimmt, sie hätten diejenigen Wissens-Inhalte zum Objekt, die er intendiert zu kommunizieren.“ (Ungeheuer 1987a: 316)

Das Auseinanderfallen und das Bezogensein von innerer Erfahrung und äußerer Handlung ist der besondere anthropologische Ausgangspunkt für jede Kommunikation. Ungeheuer spricht von der „Fundamentalstruktur“, in der Kommunikation ihren „Ausgang und ihre Veranlassung“ (1987a: 307) hat. *Kommunikation ist demnach zunächst einmal die Anstrengung, ein nicht hintergehbares Mitteilungsproblem zu lösen: Menschen bemühen sich kommunikativ, die Unmöglichkeit eines unmittelbaren Verstehens innerer Erfahrungen von Mitmenschen zu kompensieren.* Und die kommunikative Kompensation steht dann selbst vor Problemen ihrer Realisierung. Das erste Problem, das es zu lösen gilt, ist das der angemessenen Übersetzung innerer Erfahrungen in äußere (verstehbare) Handlungen. Diese Übersetzungsleistung ist dann aber an die Bewältigung eines eher technischen und eines inhaltlichen Hindernisses gebunden.

a) Die Elliptizität äußerer Handlungen:
Die Bemühungen von Subjekten, ihre inneren Erfahrungen über äußere Handlungen angemessen mitzuteilen, stößt schnell an technische Grenzen. Zunächst einmal sind die inneren Erfahrun-

gen zu komplex, als dass es möglich wäre, sie in allen Details in Sprechhandlungen zu übersetzen. Überdies variiert die Angemessenheit von Übersetzungen mit dem situativen Rahmen, der genauso wie die innere Erfahrung kaum unmissverständlich in einer Sprechhandlung ausbuchstabiert werden kann. Von daher sind die kommunikativen Anleitungen für den Aufbau verstehender innerer Erfahrungen beim Mitmenschen zwangsläufig *elliptisch* – wie Ungeheuer sich ausdrückt.

> „Elliptisch, d.h. fragmentarisch, unvollständig sind sprachliche Formulierungen deswegen, weil, so umfangreich sie auch ausgeführt sind, sie nie einen vollständigen Plan abgeben können, um den Hörer, bei all seiner Willigkeit, diejenigen Erfahrungsakte ausführen zu lassen, die zum genauen Verständnis des Gemeinten notwendig sind." (Ungeheuer 1987a: 327)

D.h.: Kommunikative Akte bleiben schon allein aus kommunikativ technischen Gründen stets nicht eindeutig.

b) Die individuelle Welttheorie

In seinem Bemühen, seine inneren Erfahrungen zum Zwecke der Handlungskoordinierung einem anderen Menschen mitzuteilen, ist der Mensch gezwungen, seine inneren Erfahrungen in äußere Handlungen zu übersetzen, um auf diese Weise seinen Mitmenschen zur Bildung analoger innerer Erfahrungen anzuregen. Die Bildung dieser Analogien nennt man 'Verstehen'. So konstruierte Verstehensprozesse stehen und fallen damit – davon geht der Mensch jedenfalls in natürlicher Einstellung aus –, dass der Mitmensch in der Lage ist, die kommunikativen Handlungen so zu deuten, wie sie vom Mitteilenden gemeint sind. D.h.: Der Mitmensch muss über den gleichen Erfahrungshintergrund verfügen wie der Mitteilende und die sprachlichen Zeichen entsprechend ausdeuten. Damit stellt sich die Frage, ob Menschen ohne weiteres davon ausgehen können, über einen vergleichbaren Erfahrungshintergrund zu verfügen. (Ungeheuer 1987b: 35)

Für Ungeheuer steht ohne Zweifel fest, dass Menschen *nicht* über identische innere Erfahrungsaufbauten verfügen. Er betont mit

seinem Konzept einer „Individuellen Welttheorie“ die Einzigartigkeit jeder inneren Erfahrungsbildung, die letztlich nur introspektiv zugänglich sei (Ungeheuer 1987a: 308-312).
Mit der Etikettierung 'Theorie' macht Ungeheuer darauf aufmerksam, dass die inneren Erfahrungen nicht einfach summarisch zusammengefügt, sondern konzeptionell in Form komplexer, variabler, veränderbarer und nur zum geringen Teil bewusster privater Vorurteilsschemata konzipiert sind und entsprechend die Wirklichkeitserfahrung des Subjekts leiten.

> „Erfahre ich etwas, so erfahre ich es nie in seiner Wirklichkeit, sondern immer nur nach den Vorurteilen, die ich schon habe. Die komplizierte und nicht recht überschaubare Gesamtheit dieser Vorurteile bleibt nicht konstant und fest gefügt vorhanden, sondern ändert sich mit der auf mich einströmenden Erfahrung.“ (Ungeheuer 1987a: 310)

Die individuelle Welttheorie als nicht hintergehbarer Ausgangspunkt aller kommunikativen Akte ist, wie Juchem aufzeigt, für die Konzeption eines Zeichenbegriffs folgenreich. Denn:

> „Zeichen sind per definitionem mit Bedeutung verbunden. Bedeutungen aber sind Konstruktionen, die notwendig, je einmalig und subjektiv, d.h. in konkreter Situation, erstellt werden. Zeichen sind also ohne Kontext und Situation nicht einmal denkbar. Ihre Verankerung, den 'Ort ihrer Existenz', können Zeichen insofern nur als Bestandteil der personellen Erfahrungstheorie des je einmaligen gesellschaftlichen Individuums haben.“ (Juchem 1989: 75)

Wenn Zeichen aber zwangsläufig auf Bedeutungen verweisen, die in einer je einzigartigen individuellen Welttheorie verankert sind, dann bleibt erst einmal völlig unklar, wie kommunikative Handlungen überhaupt von den Subjekten in Gang gebracht werden können. In Anbetracht dieser Hindernisse: Innen/Außen-Dichotomie, Indexikalität der äußeren Handlungen, Abhängigkeit der Zeichenbildung von den individuellen Welttheorien, kann man in Anlehnung an Luhmann (1981) fragen, ob Kommunikation nicht eher unwahrscheinlich ist.

2.2.2. Der systemtheoretische Lösungsansatz: die Selbstorganisation der Kommunikation

Luhmann selbst hebt dieses auch von ihm thematisierte Mitteilungsproblem in einer *verblüffenden* Bestimmung des Verhältnisses von Kommunikation und Subjekt auf: Er beschreibt kommunikative Aktivitäten als von den Kommunikationsbemühungen der Subjekte abkoppelte Operationalität des sozialen Systems, und er rekurriert dabei auf eine Selbstorganisation der Kommunikation.

> „Es ist eine Konvention des Kommunikationssystems Gesellschaft, wenn man davon ausgeht, daß Menschen kommunizieren können. Auch scharfsinnige Analytiker sind durch diese Konvention in die Irre geführt worden. Es ist aber relativ leicht einzusehen, daß sie nicht zutrifft, sondern nur als Konvention und nur in der Kommunikation funktioniert. Die Konvention ist erforderlich, denn die Kommunikation muß ihre Operationen auf Adressaten zurechnen, die für weitere Kommunikation in Anspruch genommen werden. Aber Menschen können nicht kommunizieren, nicht einmal ihre Gehirne können kommunizieren, nicht einmal das Bewußtsein kann kommunizieren. Nur die Kommunikation kann kommunizieren." (Luhmann 1988: 884)

Zentral ist für die Systemtheorie die Annahme der *operationalen Geschlossenheit* sowohl der psychischen als auch der sozialen Systeme. Beide Systemtypen sind unverzichtbar aneinander gekoppelt, also energetisch zueinander offen, sie können sich aber lediglich irritieren und zu internen selbstreferentiellen Operationen veranlassen. D.h.: Gedanken schließen an Gedanken und Kommunikation schließt an Kommunikation an. Niemals aber schließt Kommunikation an Gedanken und umgekehrt an.

> „Kommt aber Kommunikation in Gang, d.h. wird ein weiteres kommunikatives Ereignis im Sinne einer mitgeteilten Information angeschlossen, versteht das soziale System gleichsam unabhängig vom psychischen Geschehen. Das beteiligte Bewußt-

> sein versucht zwar, aufgrund seiner Beobachtung, seiner Unterscheidung von Information und Mitteilung etwas in die Kommunikation hineinzugeben, was dort aber geschieht, ist nicht das, was das Bewußtsein tut." (Nassehi 1997: 139)
> Das systemtheoretische Argument lautet also, „daß die überschneidungsfreie Separierung der jeweils geschlossenen Systeme eine Voraussetzung ist für strukturelle Komplementarität, also für das gegenseitige Auslösen (aber eben nicht: Determinieren) der jeweils aktualisierten Strukturwahl." (Luhmann 1988: 894)

Luhmann zufolge nehmen soziale Systeme ihren Ausgang in der Begegnung bereits existierender selbstreferentieller Psychosysteme. „Soziale Systeme entstehen auf Grund der Geräusche, die psychische Systeme erzeugen bei ihren Versuchen zu kommunizieren." (Luhmann 1984: 292) Psychische Systeme sind von dem Wunsch beseelt, sich wechselseitig zu durchschauen, zu verstehen und so ihren Kontakt zu stabilisieren. Die Umsetzung dieses Handlungsziels ist aber problematisch: Beide Psychen sind selbstreferentiell organisiert und füreinander undurchschaubar.

> „Ego erfährt Alter als alter Ego. Er erfährt mit der Nichtidentität der Perspektiven aber zugleich die Identität dieser Erfahrung auf beiden Seiten. Für beide ist die Situation dadurch unbestimmbar, instabil, unerträglich. In dieser Erfahrung konvergieren die Perspektiven, und das ermöglicht es, ein Interesse an Negation dieser Negativität, ein Interesse an Bestimmung zu unterstellen." (Luhmann 1984: 172)

Wie aber wird die „Negation der Negativität" von den füreinander undurchsichtigen psychischen Systemen erreicht? In Beantwortung dieser Frage setzt Luhmann die Beschreibung der Genese sozialer Systeme an (Luhmann 1984: 156f):
Ausgangspunkt ist für ihn die Erfahrung doppelter Kontingenz, die zwei psychische Systeme im Bemühen um einen kommunikativen Kontakt gleichzeitig machen. Die unumgängliche Orientierungsunsicherheit führt dann zur (eher unwahrscheinlichen) Bildung sozialer Systeme, mit denen das Kommunikationsdefizit

kompensatorisch behoben werden kann. Es wird zwar kein Verstehen erreicht, denn „sie verstehen einander nicht besser als zuvor“ (Luhmann 1984: 157), aber eine Verhaltenskoordinierung auf der Basis eines Quasi-Verstehens. Das Kontingenzerlebnis wird bloß übertüncht, keinesfalls behoben. Es besteht latent weiter und dient als „Katalysator“ für die fortwährende Aufrechterhaltung sozialer Systeme, ohne die die psychischen Systeme in ihrer Existenz gefährdet wären. Die Unerträglichkeit doppelter Kontingenz wird erst mit dem Verzicht auf das eigentliche Ziel, die symbiotische Kommunikation, 'behebbar'. Die psychischen Systeme müssen auf ihren Anspruch, jeweils alter ego voll und ganz verstehen zu können, verzichten und schaffen damit die Voraussetzung, sich selbstreferentiell auf die Beobachtung der äußeren Handlungen zu konzentrieren.

> „Auf diese Weise kann eine emergente Ordnung zustandekommen, die bedingt ist durch die Komplexität der sie ermöglichenden Systeme, die aber nicht davon abhängt, daß diese Komplexität auch berechnet, auch kontrolliert werden kann. Wir nennen diese emergente Ordnung soziales System.“ (Luhmann 1984: 157)

Vor dem Hintergrund wechselseitig beobachteter Regelmäßigkeiten im Verhalten alter Egos ist dann die Möglichkeit einer 'quasikommunikativen' Verhaltenskoordinierung gegeben. Die Maxime lautet:

> „Ich tue, was Du willst, wenn Du tust, was ich will. Dieser Zirkel ist, in rudimentärer Form, eine neue Einheit, die auf keines der beteiligten Systeme zurückgeführt werden kann.“ (Luhmann 1984: 166)

Warum dieser Zirkel unbedingt „eine neue Einheit“ darstellt, ist nicht auf Anhieb evident.

Für Luhmann ist das unmittelbare Eingebundensein der Handlungen in das der Beobachtung zugängliche Verhaltenssystem ausschlaggebend. Bei seinem Versuch, ein Handlungsziel zu erreichen, ist ego genötigt, sich an den beobachteten Verhaltensroutinen von alter ego zu orientieren. In gewisser Weise muss ego sein Verhalten an ihnen ausrichten. Verlängert man nun diese Überlegung, und verallgemeinert man alter ego in Richtung auf ein allgemeines Verhaltensmuster, dann wird deutlich, dass ego sich in seinem Handeln von vornherein an einem System orientiert, dass weder der Komplexität des psychischen Systems alter egos noch der eigenen Komplexität entspricht. Das Referenzsystem für die Ausrichtung der Handlungen ist von dem der beteiligten Psychen abgehoben und – so jedenfalls Luhmann – selbstreferentiell organisiert.

> „Der primäre Selbstbezug ist also der der Elemente, die für selektive Kombination geschaffen und zur Verfügung gestellt werden. Da diese Selbstreferenz jedoch über ein alter Ego läuft, also durch einen dies bestimmte Handeln nicht selbst Vollziehenden vermittelt wird, ist immer auch eine andere Ebene der Selbstreferenz im Spiel, nämlich der Bezug auf das soziale System, das die basale Selbstreferenz erst ermöglicht und auf diese Weise selbst am Handlungsverlauf beteiligt wird. Zur Selbstreferenz gehört mithin einerseits: dass die Handlung sich selbst in der Perspektive des alter Ego kontrolliert; und andererseits: dass sie sich eben damit einem sozialen System zuordnet, in dem dies der Fall ist. Mit der Konstitution selbstreferenzieller Handlungszusammenhänge entsteht also zugleich eine Selbstreferenz des sozialen Systems, nämlich die Miteinarbeitung des Geltungsbereichs der doppelten Kontingenz und seiner sachlichen, zeitlichen und sozialen Grenzen." (Luhmann 1984: 183)

Das so entstandene soziale System repräsentiert einen eigenständigen sinnhaften Selektionszusammenhang und eine in sich geschlossene eigenständige Operationalität: die Kommunikation. Gedanken und Kommunikation können so nicht mehr zusammenkommen, sie können sich nur noch gegenseitig irritieren – was allerdings für beide überlebenswichtig ist. Sprache, so schreibt Luhmann,

> „stellt sicher, daß die Kommunikation das Bewußtsein hinrei-

chend fasziniert, so daß man sie fortsetzen kann, ohne diese Bedingung in der Kommunikation jemals zu thematisieren und damit dem Widerspruch aussetzen zu müssen. Daß dies auch geschehen kann, steht außer Frage. Entscheidend ist, daß dies nicht in jeder kommunikativen Operation für alles vorausgesetzte Bewußtsein geschehen muß. Und gerade dadurch, daß Bewußtseinsbeteiligung quasi automatisch und geräuschlos geschieht, wenn und solange kommuniziert wird, gewinnt das Kommunikationssystem die Freiheit, eigene Anliegen zu besorgen. Die Sprache distanziert Bewußtsein und Kommunikation gerade dadurch, daß sie deren strukturelle Kopplung automatisiert. Die Attraktion von Bewußtsein ist nicht der Zweck, nicht der Sinn, nicht die Funktion von Kommunikation; nur: wenn sie nicht gelingt, hört die Kommunikation auf." (Luhmann 1990: 50f)

Daraus folgt: „Kommunikation ist (...) nicht auf die Transparenz des Bewußtseins angewiesen – man kann fast formulieren: Es ist unwichtig, wie und ob das Bewußtsein verstanden hat." (Nassehi 1997: 139)

Soweit zur Entstehung sozialer Systeme! Trägt das von Luhmann ausgearbeitete Theoriekonzept, dann sind die oben mit Ungeheuer aufgeworfenen Probleme für das Gelingen von Kommunikation ausgeräumt. Die individuellen Welttheorien der psychischen Systeme bringen bei ihrem Zusammentreffen aus der „grundlegenden Sorge" (Schütz) heraus eine eigenständige, selbstreferentielle soziale Ordnungsebene hervor, in Bezug auf die die Intransparenz der inneren Erfahrung dann nicht mehr stört und für die die Probleme bei der Übersetzung in eine angemessene indexikale äußere Handlung irrelevant werden.

Allerdings bleibt die Theorie sozialer Systeme aus der Sicht des sich als handelndes Subjekt begreifenden psychischen Systems *nur schwer nachvollziehbar*. Geht dieses Subjekt doch selbstverständlich davon aus, 'sein' Handeln so steuern zu können, dass es die von ihm ausgelegte soziale Wirklichkeit und die von ihm beobachteten sozialen Geschehnisse gezielt mehr oder weniger gelungen beeinflussen kann. Eine Theorie, die in psychischen Systemen nur „nervös vibrierende Gehirne und quirlendes Bewußtsein“ (Luhmann 1988: 887) sieht, deren Geräusche lediglich der kommunikationserhaltenden Irritation dienen, scheint aus diesem Selbstverständnis heraus *indiskutabel.*

Solchermaßen irritiert kann dann auch auffallen, dass Luhmann die Genese ‘seiner’ sozialen Systeme *handlungstheoretisch fundiert* hat. D.h.: Psychische Systeme waren nicht immer schon an sozialen Systemen angeschlossen, sondern ihre Begehrlichkeiten und ihre Handlungen haben erst zur Ausbildung dieser eigenständigen Wirklichkeitsebene geführt. Die psychischen Systeme hatten ursprünglich – ganz im Verstande einer Handlungstheorie – ein Problem zu lösen, und die kompensatorische Lösung dieses Problems soll sich dann ihnen gegenüber verselbständigt haben. Wie konnte es aber zu einer solchen Verselbständigung der sozialen Systeme kommen? Glaubt man Günter Schulte, dann ist die Genese sozialer Systeme der *Beobachterperspektive Luhmanns* geschuldet:

> „Kommunikationssysteme können keine autopoietischen Systeme sein, wenn sie so beschaffen sind und so entstehen sollen, wie Luhmann es beschreibt. Die vermeintliche Selbstreferenz der sozialen Systeme gehört zum ‘Zirkel der wechselseitigen Rücksicht’. Erst indem sie als solche negativ wird, d.h. als negativ und unerträglich empfunden wird, wird sie fruchtbar (vgl. Luhmann 1984: 172). Die Selbstreferenz gebiert sich dann selbst als autopoietisches Wesen: eine Frucht der Verzweifelung. Daß die von Zufall oder dem Rauschen zehrenden Handlungen eine eigene Selbstreferenzialität haben, bleibt eine leere Versicherung, die nur der Perspektive verdankt ist, die Luhmann als soziolgischer Beobachter auf ‘höherer’ Ebene eingenommen hat. Er hat zwei black boxes beobachtet und ihnen ein Innenleben unterstellt, wie er es von sich selbst her kennt. (...) Im vermeintlich deduzierten Resultat: ‘Es gibt selbstreferentielle soziale Systeme’, tut er dann wieder so, als wüßte er nichts vom Inneren jener boxes – und also auch nichts von sich selbst.“ (Schulte 1993: 110)

Schulte macht darauf aufmerksam, dass Luhmann zur Begründung der Entstehung von sozialen Systemen zunächst auf die Beschreibung des strukturellen Kommunikationsproblems psychischer Systeme verweist und dabei implizit eine Selbstbeschreibung vornimmt, um dann mutwillig die Beschreibung dieser Binnenperspektive mit dem Ziel abzubrechen, aus der kompensatorischen, aber notwendigen wechselseitigen Bezugnahme der psychischen Systeme auf die beobachtbaren Verhaltensgepflogenheiten der Personen zwingend die Etablierung von autopoietischen sozialen Systemen abzuleiten. *Die reklamierte Genese selbstreferentieller autopoietischer sozialer Systeme ergibt sich demnach aus der Willkür des Analytikers.* Luhmann führt das psychische System als Subjekt ein, und degradiert es dann in Anbetracht der nur kompensatorisch zu bewältigenden Verstehensprobleme zur kommunikationsspeisenden Geräuschkulisse, anstatt die Anstrengungen zu beschreiben, die Subjekte infolge ihrer operationalen Geschlossenheit und der aus ihr resultierenden strukturellen Kommunikationsprobleme alltäglich auf sich nehmen, um so etwas wie wechselseitiges Verstehen zu bewerkstelligen.

2.2.3. Der radikalkonstruktivistische Lösungsansatz: Kommunikation selbstreferentieller Bewusstseinssysteme infolge struktureller Kopplung

Ähnlich skeptisch in Bezug auf die Tragfähigkeit der Luhmannschen Theorie sozialer Systeme sind die Vertreter des Paradigmas, dem Luhmann die Anregung zur Konzeption selbstreferentieller und autopoietischer Systeme zu verdanken hat: die Radikalen Konstruktivisten. Die von ihnen ausgearbeitete konstruktivistische Kognitions- und Sozialtheorie ist biologisch fundiert (Maturana 1982, 1987; Maturana/Varela 1990; Roth 1987; Hejl 1987; von Glasersfeld 1997; zusammenfassend: Schmidt 1987; kritisch: Kurt 1995). Für eine geisteswissenschaftliche Auseinandersetzung mit der Erkenntnistheorie des Radikalen Konstruktivismus ist die resultierende Grundeinsicht wichtig, nach der

> „all unsere Erkenntnisse Erkenntnisse eines sich selbst organisierenden Systems, des Gehirns, sind, gebunden an dessen Erkenntnismöglichkeiten und -grenzen. Diese erlauben grundsätzlich keine Aussagen über die tatsächliche, die ‘wahre’ Beschaffenheit der Welt, sie zeigen nur, ob eine Erkenntnis mit der Beschaffenheit der Welt vereinbar ist, ob sie ‘paßt’ – nicht aber, daß sie ‘wahr’ (im Sinne eines ‘einzig richtig’) ist.“ (Meinefeld 1995: 100)

Die Einsicht in die operationale Geschlossenheit psychischer Systeme führt aber bei den Radikalen Konstruktivisten nicht – wie bei Luhmann – zur Genese autopoietischer *sozialer* Systeme. Soziale Systeme können aus Sicht der Radikalen Konstruktivisten keine autopoietischen, also rekursiv sich selbst herstellenden und erhaltenden Systeme sein, weil sie nicht selbstorganisierend, nicht selbsterhaltend und nicht selbstreferentiell angelegt sind (Hejl 1987: 322-327). Die Subjektabhängigkeit sozialer Systeme in Rechnung stellend gehen die Vertreter des Radikalen Konstruktivismus von einer Parallelität der *kognitiven Prozesse* aus. Diese Parallelität soll in der Etablierung *konsensueller Bereiche* fundiert sein, die über strukturelle Koppelungen möglich werden.

> „Wenn zwei strukturell plastische zusammengesetzte Einheiten miteinander interagieren und so als Selektoren ihrer jeweiligen Wege struktureller Veränderung wirken, dann findet gegenseitige strukturelle Kopplung statt. Das führt dazu, daß die Zustandsveränderungen des einen Systems rekursiv die Zustandsveränderungen des anderen auslösen und daß so ein Bereich koordinierten Verhaltens zwischen den gegenseitig angepaßten Systemen konstituiert wird. Wenn das zwischen lebenden Systemen während ihrer Ontogenese stattfindet, dann bildet sich ein Bereich koordinierten Verhaltens heraus, der nicht unterschieden werden kann von einem Konsensbereich, der zwischen Menschen aufgebaut worden ist. Darum werde ich einen solchen Bereich koordinierten Verhaltens, der zwischen Organismen als Ergebnis ihrer ontogenetischen, reziproken strukturellen Kopplung entsteht, einen konsensuellen Bereich oder einen Bereich der Übereinstimmung nennen.“ (Maturana 1987: 108f)

Die Unterstellung eines konsensuellen Bereichs ist die Voraussetzung für eine kommunikative Verhaltensabstimmung im allgemeinen und für sprachliche Kommunikation im besonderen (Maturana/Varela 1990: 221-257), die erfolgreich die gegenseitigen Unterstellungen von Intersubjektivitätskonstruktionen gestatten und von daher orientieren.

> „Individuen machen unter ähnlichen Bedingungen ähnliche, aber solipsistische Erfahrungen – in einer Interaktionssituation unterstellt jeder dem anderen, daß dieser die Situation genauso sehe wie er selbst." (Meinefeld 1995: 106)

Eine auf verschiedene Subjekte bezogene Gleichheit des Erfahrens ist zunächst in der Möglichkeit psychischer Systeme fundiert, eine Regelhaftigkeit des Erfahrens zu etablieren und damit Sinn zu produzieren. Der Aufbau entsprechender Erfahrungsregelmäßigkeiten ist von zwei Faktoren abhängig: (a) von einer determinierten Strukturiertheit der Signalverarbeitung und (b) von der Stabilität der Signalgebung aus der Umwelt heraus. Würde sich die Umwelt immerfort regellos verändern, dann könnten aus den empfangenen Signalen keine Gleichförmigkeiten konstruiert werden. Von daher kommt – darauf verweist Meinefeld mit Bezug auf Piaget energisch – auch der Radikale Konstruktivismus nicht ohne eine realistische Restannahme aus: *Das Subjekt ist zwar nicht in der Lage, die Realität unmittelbar zu schauen; es ist aber darauf angewiesen, gewisse Stabilitäten der Realität wie auch immer zu erfassen* (Meinefeld 1995: 136-144; v. Glasersfeld 1997: 208). Es ist evident, dass die Stabilität der Orientierung mit der Intensität der strukturellen Kopplung des Subjekts mit seiner Umwelt zunimmt.
Wie aber präsentiert sich nun die Stabilität der sozialen Umwelt dem selbstreferentiell operierenden Subjekt, und wie erfährt es einen konsensuellen Bereich? Das Subjekt konstruiert bestimmte Signale als eine von Mitmenschen bevölkerte Wirklichkeit, und es beobachtet, dass seine Mitmenschen in für sie typischer Weise reagieren, dass diese Reaktionen einen hohen Verbindlichkeitsgrad besitzen und dass es in der Lage ist, in diese soziale Umwelt hineinzuwirken. Es fragt sich natürlich, aufgrund welcher spezi-

fischen Signal- und Erlebnisverarbeitung Mitmenschen als solche erfahren, beobachtet und beeinflusst werden können. Hierzu macht Hejl einen interessanten Vorschlag:

> „Wenn sich als Ergebnis der Interaktionen (...) zeigt, daß eine Trivialisierung der ausgegrenzten Entität nicht möglich ist, so führt dies dazu, daß Aktivitätszentren außerhalb des Systems wahrgenommen werden, denen aus der Sicht des Systems im Grenzfall Freiheitsgrade zugesprochen werden müssen, die den eigenen vergleichbar sind: andere lebende Systeme vergleichbarer Komplexität. In diesem Fall ist es für das lebende System nicht länger möglich, seine eigenen Zustände einseitig zu verändern, um zu verläßlichen Vorhersagen über das Umweltverhalten zu kommen. Statt dessen wird es notwendig, in einem Prozeß wechselseitiger Interaktionen und damit wechselseitiger Veränderungen einzutreten, der zu einer partiellen 'Parallelisierung' der selbstreferentiellen Subsysteme (...) der interagierenden Systeme führt. In dem Ausmaße, in dem lebende Systeme derartige Parallelisierungen ausgebildet haben, d.h. vergleichbare Realitätskonstrukte, sind soziale Bereiche entstanden." (1987: 316f; vgl. auch Richards/v. Glasersfeld 1987: 219f)

Mit den Reaktionen seiner von ihm so erfahrenen Mitmenschen auf sein Verhalten erfährt das Subjekt zum einen, welches Verhalten sozial erwünscht und gestattet ist, und es baut entsprechend seine Identität auf. Zum anderen realisiert es, mit welchen Mitteln es gewünschte soziale Reaktionen auslösen, seine Identität verwirklichen kann. Es erfährt so die Wirklichkeit der relevanten sozialen Umwelt (Hejl 1987: 318ff) und die Zeichenhaftigkeit des in ihr etablierten Reiz-Reaktionszusammenhangs. Es lernt überdies, diese Zeichen zur kommunikativen Planung und Umsetzung von Handlungszielen einzusetzen.

> „Die Bildung eines sozialen Systems beinhaltet die dauernde strukturelle Kopplung seiner Mitglieder, also ihre Ko-Ontogenese. Und jeder einzelne Organismus ist nur so lange Teil einer sozialen Einheit, wie er Teil jener reziproken strukturellen Kopplung ist. (...) Unter Kommunikation verstehen wir dabei

> das gegenseitige Auslösen von koordinierten Verhaltensweisen unter den Mitgliedern einer sozialen Einheit.“ (Maturana/Varela 1990: 210)

Der konsensuelle Bereich wird so als stabile Bezugnahme der sozialen Umwelt auf das Subjekt und in der Planbarkeit der kommunikativen Manipulation der sozialen Umwelt durch das Subjekt erfahren (v. Glasersfeld 1997: 197ff). Voraussetzung dafür ist, dass die Reaktionsgepflogenheiten der Mitmenschen, die zu Mitmenschen konstruierten Signale, so stabil sind, dass sich das Subjekt an sie erinnert, sie in Bezug zu den aufgebauten Erfahrungsschemata setzt und die so vollzogenen Sinnsetzungen beobachtend distanziert und dynamisch hält.[8]
Bleibt diese strukturelle Kopplung zwischen den Subjekten und der sozialen Umwelt über mehrere Generationen in typischer Weise relativ stabil, dann spricht man von einer Kultur:

> „Jene Verhaltenskonfigurationen, die im Rahmen der kommunikativen Dynamik eines sozialen Milieus ontogenetisch erworben werden und über Generationen stabil bleiben, bezeichnen wir als kulturelles Verhalten.“ (Maturana/Varela 1990: 218)

Soziale Systeme sind im Verständnis des Radikalen Konstruktivismus also durch Individuen konstituiert und konstruiert. Die Radikalen Konstruktivisten haben sich allerdings bisher im Wesentlichen darauf konzentriert, eine aus der operationalen Geschlossenheit des Bewusstseins resultierende konstruktivistische Kognitionstheorie auszuarbeiten. Von daher stecken die Analysen sozialer und kommunikativer Prozesse noch in den Anfängen (Hejl 1987; Köck 1987, 1990; von Glasersfeld 1997; zusammenfassend

[8] Die enorme Plastizität des Subjekts und seine hohe Anpassungfähigkeit ist eng an seine ausgeprägte Fähigkeit zur Beobachtung gebunden. Beobachten heißt dabei schlicht, sich seiner Erlebnisse und Erfahrungen, der selbst vorgenommenen Unterscheidungen bewußt zu werden: „Sich der Unterscheidungen bewußt zu werden heißt beobachten. Sich selbst als Unterscheidender zu beobachten ist darum nicht mehr und nicht weniger, als sich seiner selbst bewußt zu werden.“ (v. Glasersfeld 1990: 286)

Schmidt 1987). Die Annahme von strukturellen Kopplungen und von konsensuellen Bereichen ist zwar an eine handlungstheoretisch orientierte Kommunikationstheorie anschlussfähig, aber bei weitem noch zu grob, als dass mit ihnen die subjektiven Konstitutionsleistungen beim Aufbau von kommunikativen 'Überschneidungsbereichen' beschrieben werden könnten. Dieses Defizit dürfte dann auch für Widersprüchlichkeiten und Ungenauigkeiten in der Beschreibung sozialer und kommunikativer Prozesse verantwortwortlich sein. So bleibt beispielsweise undurchsichtig, ob im Rahmen des Radikalen Konstruktivismus ein differenz- oder ein identitätslogischer Bedeutungsbegiff bevorzugt wird. Das „Röhrenmodell“ (Maturana/Varela 1990: 212) der Kommunikation wird zwar rigoros verworfen. Denn

> „es gibt keine direkte Übertragung der Bedeutung, die der Sprecher oder Schreiber selbst im Kopf hatte. Die einzigen dem Interpreten verfügbaren Bausteine sind seine eigenen, subjektiven Begriffsbildungen und Re-Präsentationen.“ (v. Glasersfeld 1997: 230; siehe auch Köck 1987: 370; 1990: 184)

Aber ob Kommunikation nun dadurch entsteht, „daß ich diese Bedeutung in meinem Erleben auf eine Art und Weise aufgebaut habe, die nicht allzu verschieden ist von der, in der andere sie aufgebaut haben“ (v. Glasersfeld 1987: 421; vgl. auch Schmidt 1990: 315ff), oder ob wir annehmen müssen, „daß Verstehen immer eine Sache des Zusammenpassens und nicht des Übereinstimmens ist“ (v. Glasersfeld 1997: 230), bleibt völlig offen und wird jeweils nach Argumentationsbedarf entschieden.

Das kommunikationsanalytisch zentrale Problem in der Konzeption des Radikalen Konstruktivismus besteht aber in der oben schon mit Bezug auf die 'realistische Restannahme' angedeuteten völligen *Überbewertung der operationalen Geschlossenheit des Bewusstseins.* Die mit dieser Überbetonung einhergehenden Schwierigkeiten lassen sich plausibel in der Einschätzung alltäglicher kommunikativer Störungen aufzeigen:

Trotz der Etablierung eines konsensuellen Bereichs werden die Subjekte immer wieder mit unerwarteten, sie irritierenden kommunikativen Reaktionen von Mitmenschen konfrontiert, die für sie Orientierungsprobleme nach sich ziehen. Die Radikalen Konstruktivisten behandeln dieses Problem in der Regel aus der Sicht des isoliert erkennenden Subjekts, das in dieser Lage gezwungen ist, seine Orientierungsmuster so zu modifizieren, dass es wieder handlungsfähig wird. Systematische Gründe für die verbleibende Brüchigkeit der strukturellen Kopplung zwischen Subjekt und sozialer Umwelt werden kaum ausgearbeitet. Sie scheinen selbstverständlich. Eine Ausnahme macht Wolfram Köck, der das Abstimmungsproblem ausdrücklich mit der operationalen Geschlossenheit des Subjekts, mit dessen Subjektivität, in Verbindung bringt:

> „Kommunikation heißt (...) Einflußnahme eines Organismus (...) auf einen anderen über 'Zeichen', die für 'Bedeutungen' stehen, welche im Idealfall für beide Organismen aufgrund ihrer Anteilnahme an einem konsensuellen Interaktionsbereich 'aktualisierbar' (...) sind (...). Der Normalfall ist (...) stets der, daß 'Intentionen' seitens des Senders von Zeichen und 'Verstehen' seitens ihres Empfängers beträchlich voneinander abweichen." (Köck 1987: 367f) Von daher reklamiert Köck: „Es wäre schon außerordentlich wichtig, die prinzipielle Subjektabhängigkeit des Verstehens besonders in kommunikativen Interaktionen als kritisches Moment bei Verstehensproblemen zu erkennen, um überhaupt eine Vorstellung zu haben, wo die Gründe für solche Probleme liegen könnten." (Köck 1990: 185)

Die Hervorhebung der operational geschlossenen Subjektivität als systematischer Störfaktor im Rahmen kommunikativer Orientierungsprozesse scheint plausibel: Hat doch das Subjekt keine Chance, sich ein unverstelltes Bild von der Wirklichkeit zu machen, und ist es doch darauf angewiesen, nach dem Muster von Versuch und Irrtum eine Ersatzorientierung aufzubauen. Allerdings trügt diese Plausibilität! Denn: Wenn das Subjekt auch keinen direkten Zugang zur sozialen Wirklichkeit und zu seinen Mitmenschen hat, so ist immerhin bei einer unterstellten Gleichförmigkeit der neurophysiologischen Grundausstattung des Erkenntnisorgans (Maturana/Varela 1990: 182f) eine strukturelle Kopplung zwischen den Subjekten vorstellbar, mittels der die sozialisierten Subjekte jeweils selbstreferentiell gleichförmige oder abgestimmt ungleichförmige Orientierungen aufbauen würden. D.h. aber: Wenn über die Annahme einer so weit gehenden strukturellen Kopplung die Vorstellung von einer stabilen Orientierung operativ geschlossen agierender Subjekte denkbar wird, dann entfällt die von Köck reklamierte Subjektivität als systematischer und ausschlaggebender Störfaktor. Es stellt sich die Frage, warum die strukturelle Kopplung nicht so eng ausfällt, dass Orientierungsprobleme ausgeschlossen sind.

Ausschlaggebend für die verbleibenden und immer wieder registrierbaren Orientierungsprobleme dürfte die Perspektivität des subjektiven Erfahrungsaufbaus in einer komplexen sozialen Umwelt sein. D.h.: Jedes Subjekt tritt zu einem bestimmten Zeitpunkt, in einer bestimmten historischen Situation und von einem bestimmten Punkt aus mit bestimmten Mitmenschen in Kontakt. Der von diesem spezifischen Kontakt ausgehende Realitätswiderstand wird vom operational geschlossen agierenden Subjekt zu Erfahrungen und Erfahrungsschemata konstruiert, die dann die Grundlage für weitere Erfahrungskonstruktionen bilden. Da davon ausgegangen werden kann, dass der Ausgangskontakt mit der sozialen Umwelt jeweils mehr oder weniger weitgehend spezifisch ausfällt, dürfte damit schon der Grundstein für zwangsläufig divergierende Erfahrungsaufbauten gelegt sein. Tritt das Subjekt im Anschluss an diese erste Kontaktphase mit anderen Mitmenschen in anderen sozialen Nischen in Kontakt, dann erweist sich seine Erfahrungsbildung schnell als zu spezifisch. D.h.: Der Erfahrungsaufbau eines Subjekts in einer komplexen sozialen Umwelt kann sich nicht – wie in einfachen Gesellschaften – auf die Gesamtgesellschaft beziehen. Als problematisch erweist sich immer wieder die Übertragung spezifischen Orientierungswissens auf andere soziale Bereiche, die von Mitmenschen bevölkert werden, die ihre spezifischen Erfahrungen in dezidiert anderen spezifischen Kontaktzusammenhängen aufgebaut haben. Von daher bleibt die strukturelle Kopplung des Menschen mit seiner sozialen Umwelt, zu seinen Mitmenschen, zwangsläufig fragil und die Orientierung störanfällig, weil die gemeinsam benutzten Zeichenträger mit nicht deckungsgleichen und zum Teil eben unabgestimmten Bedeutungen unterlegt werden, was dann zu offensichtlichen 'Mißverständnissen' führt. D.h.: *Die registrierbare Störanfälligkeit des kommunikativen Handelns ist nicht in der operationalen Geschlossenheit, sondern in der Perspektivität des in einem komplexen konsensuellen Bereich lebenden Subjekts angelegt.* Dieser Aspekt findet im Radikalen Konstruktivismus kaum systematische Beachtung.[9] Von daher bleibt das zentrale kommunikative Problem, das Menschen alltäglich zu bewältigen haben: die Verständigung in Anbetracht divergierender Perspektiven, unberücksichtigt.

2.2.4. Der handlungstheoretische Lösungsansatz: pragmatisch motivierte Verständigung handelnder Subjekte

Deutlich geworden ist, dass das von Ungeheuer aufgeworfene strukturelle Kommunikationsproblem weder im Rahmen der Systemtheorie noch von den Radikalen Konstruktivisten zufriedenstellend gelöst wurde.

Luhmann bietet zwar eine recht verführerische Lösung des Problems an, indem er den handlungstheoretischen Ansatz aufhebt und so dem subjektbezogenen Kommunikationsproblem selbst den Boden zu entziehen sucht. Aber die Auflösung des kommunizierenden Subjekts ist dem willkürlichen Arrangement der Beobachterperspektive geschuldet und führt von daher in die Irre. Die Radikalen Konstruktivisten hingegen beschreiben Subjekte

---

[9]Ansatzweise ist die herausgehobene Bedeutung der Perspektivität in der Beschreibung „Sozialer Systeme" bei Maturana (1987a: 292-299) und in der Ausarbeitung einer „konstruktivistischen Sozialtheorie" bei Hejl (1987: 329ff) berücksichtigt. Allerdings wird die Perspektivität eher in der abstrakten Beschreibung der Dynamik sozialer Systeme und daraus resultierender Wandlungsprozesse versteckt, so daß der strukturelle Kern dieser Dynamik unsichtbar bleibt. Dazu paßt dann auch, daß die Beschreibung der sozialen Dynamik nicht kommunikationstheoretisch ausgearbeitet ist.

als selbstreferentiell operierende Bewusstseinssysteme, die strukturell an eine soziale Umwelt gekoppelt koordinierende Verhaltensweisen unter den Mitgliedern einer sozialen Einheit auslösen und auf diese Weise kommunizieren. Sie, die Radikalen Konstruktivisten, berücksichtigen dabei aber nicht das zentrale kommunikative Problem, die perspektivische Gebundenheit des Subjekts, die jeweils zur Ausarbeitung einer stets einzigartigen „individuellen Welttheorie“ durch die Subjekte führt. Sie bleiben so bei ihrer Rekonstruktion auf halbem Wege, bei der operationalen Geschlossenheit der Bewusstseinssysteme, stehen.
Beiden Konzepten ist gemeinsam, dass sie die Beschreibung der konstitutiven Leistungen der Subjekte bei der alltäglichen Bewältigung der von Ungeheuer beschriebenen strukturellen kommunikativen Problemlage auslassen. Entsprechende Ausarbeitungen sind in den handlungstheoretischen Kommunikationstheorien angegangen worden. Zunächst soll der von Gerold Ungeheuer und Johann Juchem vorgeschlagene Ansatz vorgestellt werden.

2.2.4.1. Individuelle Welttheorie, pragmatischer Konsens und dualer Zeichenbegriff (G. Ungeheuer und J. Juchem)

Wenn es zum einen für die ihren individuellen Welttheorien verhafteten Menschen eher unwahrscheinlich ist, dass sie sich verstehen, und wenn ihnen zum anderen auch aufgrund der fehlenden Möglichkeit einer direkten Anschauung der verstehenden Handlungen die Kontrolle darüber verwehrt ist, ob bzw. inwieweit der Mitmensch verstanden hat, dann fragt es sich, was Menschen veranstalten, wenn sie vorgeben, miteinander zu kommunizieren. Ungeheuer stellt zunächst einmal ganz im Sinne des Radikalen Konstruktivismus grundsätzlich fest:

> „Das aber, was verstanden wird in einer Handlung (...), ist von den handelnden Individuen hergestellt, – ist von ihnen gemacht, konstruiert, und nicht aggregiert aus linguistischen Fertigelementen; es ist das Produkt eines komplexen Gefüges äu-

ßerer und innerer Handlungen, wobei die jeweilige 'individuelle Welttheorie' die Matrix der Konstruktion abgibt." (Ungeheuer 1987b: 58)

Die oben aufgeworfene Frage bleibt aber bestehen. Man kann sich ihrer Beantwortung in der Beschreibung der alltagsweltlichen kommunikativen Verfahren nähern, und sie lautet dann: Mit welchen Verfahren gehen Menschen alltäglich davon aus, beurteilen zu können, ob sie sich verstanden haben oder nicht. Oder kürzer: Wie sieht der Herstellungsprozess von Verstehen aus? Loenhoff stellt mit Rekurs auf Ungeheuer (1987b und c) drei Verfahren heraus: a) die Überprüfung an den übergreifenden und wahrnehmbaren Handlungsfolgen; b) die Überprüfung mit Hilfe von Nachfragen und c) die Überprüfung der sprachlichen Reaktionen über Schlussfolgerungen (Loenhoff 1992: 38f). Alle drei Verfahren sind zwar hochgradig fallibel (Ungeheuer 1987a: 320), aber alternativlos. Sie ermöglichen einen praktischen Konsens der Interaktanten und sichern so deren Handlungsfähigkeit.

> „Haben die Beteiligten das Gefühl, die Verständigungsherstellungshandlungen genügen, um eine Kommunikation weiterführen zu können oder werden Anweisungen zur Zufriedenheit befolgt, reicht das Verständnis aus, um das Ineinandergreifen von Handlungen sicherzustellen. Damit ist für die Kommunikationspartner der praktische Konsens erzielt." (Loenhoff 1992: 41)

Damit aber hat kommunikatives Handeln ein gänzlich anderes Fundament erhalten: Kommunizieren heißt nicht mehr, Mitteilungen gegenseitig verstehen, sondern Kommunizieren heißt, sich über Mitteilungen so zu verständigen, dass Handlungsfähigkeit und Handlungskoordinierung gesichert wird (vgl. auch Hitzler 1998). Der Anspruch auf *symbiotische* wird durch den auf *pragmatische* Kommunikation ersetzt.

> „Hier wird plausibel, warum der Begriff des Verstehens bzw. die Vorstellung des gegenseitigen Verstehens mit dem eine jeweils individuell vollzogene innere Handlung gemeint ist, nicht

> zur Grundlage einer Kommunikationstheorie gemacht werden kann. Der Verständigungsvorgang ist immer darauf angewiesen, daß der Handelnde und ein alter ego zusammen zu einem pragmatischen Konsens über den kommunizierten Inhalt gelangen. Diese Differenz von Verstehen und Verständigen ist für die Kommunikationstheorie Ungeheuers von wesentlicher Bedeutung." (Loenhoff 1992: 35)

Nun ist es aber keineswegs so – darauf macht Juchem aufmerksam –, dass die Interaktanten sich über diese pragmatische Dimension ihrer Kommunikation im klaren wären. Sie gehen vielmehr fraglos davon aus, sich verstehen zu können.

> „Die Menschen arbeiten mit Unterstellungen. Unterstellungen ermöglichen Kommunikation, sie ermöglichen Mitteilungen und Festlegungen. Festlegungen als Konstruktionsanleitungen von Bedeutung sind daher nichts anderes als von konkreten Bedeutungen abgeleitete Unterstellungen. 'Unterstellung' heißt, daß gesellschaftliche Individuen fraglos davon ausgehen, daß Verständigung möglich ist, daß Zeichen eine einheitliche Bedeutung haben, daß Konsens im Bedeutungsbereich selbstverständlich erreichbar ist. Der Alltagskompromiß, der nicht darin besteht, daß man eine Übereinstimmung erzielt hat, sondern darin, daß man aus pragmatischen Gründen die Kommunikation dann abbricht, wenn man glaubt, sich verstanden zu haben und wenn dieser Glaube der Situation angemessen ist, bestärkt die Gesellschaftsmitglieder in dieser fraglos hingenommenen und ständig durchgeführten Grundhaltung." (Juchem 1989: 76)

Juchem charakterisiert diesen „Schein der kommunikativen Gewißheit" (Soeffner/Luckmann: 1999: 180) als „genialen Selbstbetrug", und er betont, dass dieser Selbstbetrug die Voraussetzung dafür ist, dass Kommunikation überhaupt zustande kommt. Denn: „Ich möchte, wenn ich spreche, von dem anderen, mit dem ich spreche, verstanden werden." (Ungeheuer 1987b: 34) Und wer würde dem anderen schon etwas mitteilen wollen, wenn er von vornherein davon ausgehen kann, ohnehin nicht verstanden zu werden.

Betrachtet man nun Kommunikation pragmatisch als *Verständigungsprozess* und konzipiert man diesen Verständigungsprozess als einen den Interaktanten nicht unbedingt als solchen transparenten praktischen Konsens, dann stellt sich unweigerlich die Frage nach der *Bedingung der Möglichkeit eines solchens Konsenses.* Es stellt sich also die Frage nach der *Konstitution der Zeichen*, die einen praktischen Konsens zu tragen vermögen. Die Antwort, die Ungeheuer zurückhaltend vorgibt (und die später von Juchem pointiert umrissen wird), überrascht. Zunächst Ungeheuer:

> „In ihren individuellen Welttheorien besitzen die Menschen auch Individualtheorien über ihre Kommunikationsakte. Die sozialisierten Teile dieser theorieartigen Fügungen, d.h. jene, von denen man annehmen kann, daß sie den Individualtheorien aller Mitglieder einer Gruppe von Personen zugehören, enthalten auch Anweisungen und Kriterien über das kommunikative Verhalten und das zulässige Gebaren bei der Überprüfung des Kommunikationserfolgs." (Ungeheuer 1987a: 323)

Direkter und zugespitzter drückt sich Juchem aus:

> „Verständigung, wie gesagt, ist immer möglich. Sie ist möglich auf der Grundlage dessen, was Mead den 'verallgemeinerten anderen' genannt hat; will man es überspitzt in der hier vorgelegten Terminologie formulieren: auf der Grundlage einer 'allgemeinen Welttheorie', die die gesellschaftlichen Individuen im Laufe ihrer Sozialisation internalisieren. Aber es handelt sich dabei eben um die Ebene der Verständigung im Sinne des oben beschriebenen Kompromisses. Verstehen jedoch, das heißt Verstehen der inneren Handlungen und Erfahrungen des anderen durch den Nachweis der eindeutigen Koordinierung genau dieser inneren Handlungen (...) scheitert an der Innen-Außen-Dichotomie menschlichen Handelns. In diesem Bereich leben Menschen von Vermutungen und Glauben, die sie als Wissen ausgeben. In letzter Konsequenz ist die Fallibilität der Kommunikation prinzipiell. Problematisch ist sie allemal." (Juchem 1987: 13f)

An anderer Stelle charakterisiert Juchem die 'allgemeine Welttheorie' als 'Überlappungswissen':

> „Das Verstehen von Zeichen, das man gewöhnlich im Kommunikationsprozeß unterstellt, beruht darauf, daß, bei relativ ähnlichen empirischen Erfahrungsvoraussetzungen, die Bedeutungen, die mit diesen Erfahrungen verbunden werden, sich 'überlappen', einen gewissen Überschneidungsbereich haben. (...) Daß sich die Zeichenbedeutungen von Individuum zu Individuum überschneiden, das scheint außer Frage zu stehen, denn sonst wäre tatsächlich keine Verständigung möglich." (Juchem 1985: 40)

Auch wenn sich Ungeheuer und Juchem in diesem Punkt vorsichtig ausdrücken, so legen sie doch einen *dualen* Zeichenbegriff nahe: Zunächst einmal halten sie an einem *individuellen* Zeichenbegriff fest – und sie betonen ihn. Mit seinen individuellen Zeichen, deren Bedeutungen über seine ihm eigene individuelle Welttheorie konstituiert werden, ist der Mensch introspektiv zur Auslegung seiner komplexen Erfahrungen und Handlungen, die nie mit denen alter egos zur Deckung kommen können, fähig (vgl. hierzu Juchem 1985: 41). Verstehen ist damit ausgeschlossen. Es bleibt die Verständigung, die beide, Ungeheuer und Juchem, aber erst mit dem Aufbau allgemeiner Zeichen gewährleistet sehen: Ungeheuer spricht von den 'sozialisierten Teilen der Individualtheorien über Kommunikationsakte', Juchem reklamiert eigens eine 'allgemeine Welttheorie' und einen kommunikativen 'Überschneidungsbereich': die Internalisierung der gesellschaftlich allgemeinen Reaktion und damit die Übernahme der kulturtypischen Deutungsschemata, personalen Typen und Handlungstypen, mit denen, so jedenfalls Ungeheuer und Juchem, interaktiv der praktische Konsens geregelt werden kann.

Die vorgenommene Dualisierung des Zeichenbegriffs ist sicherlich problematisch. Erst einmal scheint es wenig plausibel, einen sozialisierten Teil der individuellen Welttheorie von einem unsozialisierten abzugrenzen – wie es Ungeheuer implizit anstellt. Gerade aus einer handlungstheoretischen Perspektive heraus muss jede individuelle Welttheorie in ihrer Ganzheit als Sozialisationsphänomen begriffen werden. Individualität und Einzigartigkeit bis in die Gefühlswelt hinein stellt sich nicht über Nichtsozialisation ein, sondern sie kommt durch die singuläre Perspektive, von der aus auf die soziale Welt zugegriffen wird, zustande. *Die Verarbeitung der gesellschaftlichen Reaktion erfolgt von jeder Perspektive in spezifisch unverwechselbarer Weise, so dass jeder seine unverwechselbare, perspektivisch gebundene Erfahrungstheorie aufzubauen hat.* Macht man sich diesen Gesichtspunkt zu eigen, dann fragt es sich, wie von dieser konstruktivistischen Position her die Konstitution allgemeiner Zeichen möglich sein soll. Zeichen gewinnen ihre Bedeutung stets aus dem für sie relevanten Kontext heraus. Dieser Kontext kann nicht beliebig geteilt werden, so dass für die Zeichenbildung immer die individuelle Welttheorie in ihrer Ganzheit ausschlaggebend bleibt. Oder mit Schütz: „Das Interpretationsschema ist bis ins einzelne durch die biographische Situation und die ihr entspringenden Relevanzsysteme bestimmt." (1971d: 372f) Von daher dürfte einem dual konzipierten Zeichenbegriff von vornherein der Boden entzogen sein. Die Zeichenbildung muss bis in alle ihre Gliederungen hinein als perspektivisch gebunden, als individuell, verstanden werden. Aus dieser Grundeinsicht gewinnt die Ungeheuersche Kommunikationstheorie gerade ihre Kraft. Aus diesem Verstande bleibt auch das Problem, von welchem Standpunkt aus der reklamierte Überschneidungsbereich denn bestimmt werden soll. Der radikal interaktionistische Ausgangspunkt des Ungeheuerschen Theorieunternehmens jedenfalls bietet keine Stufen zum Erklimmen einer Plattform, von der aus sozialisiertes Überlappungswissen einsehbar wäre.

2.2.4.2. Perspektivität, Intersubjektivität und Quasi-ideales Zeichensystem (A. Schütz und Th. Luckmann)

Alfred Schütz und Thomas Luckmann haben mit ihren phänomenologisch fundierten Überlegungen zur Kommunikation und zur

Zeichenkonstitution einen Weg aufgezeigt, mit dem aus einer handlungstheoretischen Perspektive heraus eine Dualisierung des Zeichenbegriffs vermieden werden kann. Schütz und Luckmann nehmen genauso wie Ungeheuer und Juchem die subjektive Perspektive der Kommunizierenden zum Ausgangspunkt, und genauso wie Ungeheuer und Juchem sehen auch sie das Ziel kommunikativen Handelns nicht in der Umsetzung symbiotischer Kommunikation, sondern im Erreichen eines praktischen Konsenses. Die Orientierung auf einen 'praktischen Konsens' ist im Konzept von Alfred Schütz Ausdruck einer nicht hintergehbaren Haltung der im Alltag Handelnden:

> „Wir müssen die Welt des Alltags beherrschen, und wir müssen sie verändern, um in ihr und inmitten unserer Mitmenschen unsere einmal gesteckten Ziele zu verwirklichen. Wir wirken und arbeiten nicht nur innerhalb dieser Welt, sondern wirken auch auf sie ein und arbeiten in ihr. (...) Man kann daher mit Recht sagen, daß unsere natürliche Einstellung gegenüber der Welt des Alltags von einem pragmatischen Motiv beherrscht wird. So verstanden ist die Welt etwas, das wir durch unser Handeln verändern müssen, oder etwas, das unser Handeln beeinflußt." (Schütz: 1971c: 239)

Von dieser pragmatischen Grundhaltung der sozial Handelnden her versucht Schütz und im Anschluss an ihn Luckmann die Konstruktion der sozialen Wirklichkeit zu beschreiben. Die folgenden Ausführungen konzentrieren sich darauf zu skizzieren, in welchen Bedingungen Schütz und Luckmann die Möglichkeit alltäglicher Kommunikation pragmatisch fundiert angelegt sehen.

Bei der Klärung des Problems alltäglichen Verstehens sind bekanntlich zwei Hürden zu überwinden. Zunächst einmal gilt es grundsätzlich offenzulegen, wie ego alter ego als solchen überhaupt zu erkennen vermag. Diese Frage ist Alfred Schütz von vornherein mundan angegangen. Mit der Generalthese des alter ego hat er sich von der transzendentalen Phänomenologie gelöst und die natürliche Einstellung zur Grundlage seiner Konstitutionsanalyse gemacht (1971a; 1971b: 190ff).

Mit der Generalthese des alter ego ist das Problem der Perspektivität aber keinesfalls aufgehoben. Auch im Rahmen einer mundanen Intersubjektivitätskonstruktion ist zu klären, wie eine auf verschiedene Subjekte bezogene Gleichheit des Erfahrens möglich ist. Im Zentrum der Klärung steht bei Schütz die *Generalthese der Reziprozität der Perspektiven*: In der natürlichen Einstellung 'überwinden' die Subjekte die Inkongruenz der spezifischen Standpunkte, von denen her sie die Wirklichkeit jeweils ordnen, und vor allem die Inkongruenz ihrer biographisch jeweils einzigartig aufgebauten Relevanzsysteme in der Einnahme einer ganz spezifischen Haltung. Mit der *Generalthese von der Reziprozität der Perspektiven* gehen die Subjekte alltäglich bis auf weiteres selbstverständlich davon aus, dass die angedeuteten, eigentlich nicht überwindbaren Divergenzen ihrer Perspektiven für alle praktischen Zwecke irrelevant sind. Sie gehen davon aus, einen Perspektivenwechsel vollführen zu können, wenn sie sich von ihrem Standpunkt distanzieren und sich – hypothetisch – in den Standpunkt des anderen hineinversetzen. Und sie setzen voraus, dass die Wirklichkeit alter egos auch in thematischer Hinsicht der eigenen Wirklichkeit sehr ähnlich ist. In den Worten von Schütz:

> „Nun ist es ein grundsätzliches Axiom aller Deutungen der gemeinsamen Welt und der Gegenstände in ihr, daß die verschiedenen gleichzeitig bestehenden Koordinatensysteme ineinander umgewandelt werden können. Ich setze es als selbstverständlich voraus, daß mein Mitmensch und ich typisch die gleichen Erfahrungen von der gemeinsamen Welt machen würden, wenn wir unsere Plätze austauschten, wenn sich also mein 'Hier' in sein 'Hier'und sein 'Hier', für mich jetzt noch ein 'Dort', in mein 'Hier' verwandelte. (...) Als weiteres grundsätzliches Axiom setze ich (...) voraus, solange kein Gegenbeweis vorliegt, daß die aus unseren privaten Relevanzsystemen stammenden Verschiedenheiten im Hinblick auf die Zwecke, die wir gerade verfolgen, unbeachtet bleiben können.“ (Schütz 1971d: 364f)

Die Generalthese der Reziprozität der Perspektiven ist eine pragmatisch motivierte, idealisierende Haltung, die die Konstruktion von Intersubjektivität überhaupt erst möglich macht: Zum einen ist es erforderlich, dass die angesprochenen Idealisierungen alltäglich vollzogen und aufrechterhalten werden; und zum anderen sorgen diese alltäglichen Bemühungen dafür, dass sich bestimmte Idealisierungsformen im intersubjektiven Spiegelungsprozess herausbilden, durchhalten und verfestigen und so die Reziprozität der Perspektiven enorm stabilisieren.

> „Die Generalthese der Reziprozität der Perspektiven ist die Voraussetzung für eine Welt der gemeinsamen Gegenstände und dadurch der wechselseitigen Verständigung. Sie setzt Idealisierungen voraus, vermittels welcher (...) typisierende Konstruktionen von Gedankenobjekten an die Stelle von Gedankenobjekten meiner privaten Erfahrung und der privaten Erfahrung meiner Mitmenschen treten." (Schütz 1971d: 365)

Die subjektiv vorgenommenen, alltäglich interaktiv erprobten und pragmatisch motivierten Idealisierungen führen also dazu, dass sich „intersubjektive Appräsentationssysteme" (Srubar 1988: 237) konstituieren, die auf zumindest weitgehend ähnliche innere Erfahrungen verweisen. Den Konstruktionsprozess dieser „gemeinsamen Abstraktionen oder Standardisierungen" (Schütz 1971d: 373) beschreibt Ronald Kurt prägnant:

> „Aufgrund der pragmatischen Haltung der sozial Handelnden wird die Konstruktion des Anderen zumeist nur soweit getrieben, wie sie zur Erreichung der eigenen Ziele nötig ist. Weil die eigenen Motivationsrelevanzen weiterdrängen und auch die anderen ihren Zielvorstellungen hinterherjagen, muß sich Ego bei seiner Handlungsplanung auf die situativ wichtigen Teilaspekte konzentrieren und sich dabei als typisches Teil-Selbst begreifen, das sich in einer typischen Situation in typischer Weise zu einem anderen typischen Teil-Selbst verhält. Die Komplexität der Situationen und Subjekte wird im Verlauf der Reproduktion dieser Typen systematisch reduziert. Das Einzigartige der Typen, ihre kognitiven und affektiven Konnotationen und die vielen situativen Perspektiven und Raum-Zeit-Konstellationen, welche die Entwicklungsgeschichte des Typus

> bestimmt haben – all das wird im Prozeß der Habitualisierung nach und nach abgestreift. Das Besondere wird ausgeblendet, und übrig bleibt ein abstraktes Muster, das von denen, die an der Produktion und Reproduktion des Typus im sozialen Interagieren in Form von wechselseitigen Perspektivübernahmen und Subjektivitätsunterstellungen mitgewirkt haben, in der gleichen Weise erfahren werden kann." (Kurt 1993: 355)

Getragen wird die über die Generalthese von der Reziprozität der Perspektiven in Gang gesetzte „Typifikation" (Schütz) alltäglich vom pragmatischen Motiv und von spezifischen subjektiven Bewusstseinsleistungen, der Appräsentation und dem sozialen Handeln, die aufeinander bezogen zur Herausbildung von Zeichen und zur Entwicklung eines Zeichensystems führen. Dabei kommt es – so arbeitet Luckmann konstitutionsanalytisch heraus (1972, 1980, Schütz/Luckmann 1984: 188-212) – *im fortschreitenden Prozess der wechselseitigen Typisierung der sozial Handelnden zur Abhebung der sprachlichen Zeichen von der Ebene konkreter Intersubjektivität, auf der sie sich im intersubjektiven Spiegelungsprozess haben bilden können.* Über die Ablösung von der Aktualität spezifischer Subjektivität, über die Ablösung von den räumlichen Perspektiven und von der Individualität der Erfahrungen und dann noch über die Ablösung von der konkreten Einbettung in soziales Handeln kommt es zur Anonymisierung und Idealisierung der Zeichen und zur quasiidealen Systembildung. Das so etablierte Zeichensystem appräsentiert Intersubjektivität und Objektivität der Bedeutung und bildet so die Basis alltäglicher Verstehens- und Mitteilungsprozesse.

> „Appräsentative Verweise dienen – um mit Schütz zu sprechen – der Überbrückung lebenswichtiger Transzendenzen räumlichen, zeitlichen und intersubjektiven Charakters. Darüber hinaus überwinden sozial verfestigte, sozial vermittelte und intersubjektiv verwendete appräsentative Verweisungen eines echten Zeichensystems, und empirisch vor allem der Sprache, die Vieldeutigkeit und Kurzlebigkeit bloß subjektiver, situationsgebundener appräsentativer Verweisungen und Typisierungsmuster. Das befördert zunächst die Routinisierung der Strukturen

subjektiven Handelns, besonders des höherstufigen, dient aber vor allem als Voraussetzung für die routinisierte Wechselseitigkeit sozialen Handelns. Die semantisch-taxonomische Festlegung von umweltlich, weltlich und geschichtlich relevanten Typisierungen ist entlastend (...). Diese lebensweltlich-subjektive Leistung der Sprache beruht auf der Festlegung der Darstellungsfunktion der Zeichen, ihrer semantisch-taxonomischen Fixierung im System. Die Voraussetzung dafür ist, wie die Konstitutionsanalyse gezeigt hat, die Ablösung der Sprache von den Bedingungen ihres Urspungs in der konkreten Intersubjektivität. Sprache als 'parole' setzt Sprache als 'langue', als quasi-ideales Zeichensystem, voraus. (...) Die Sprachgebrauchsregeln, die Regeln sozialen Handelns und die Regeln des Gebrauchs nicht-verbaler Ausdrucksformen verflechten sich in einer Weise, die heute noch bei weitem nicht zureichend erfaßt ist. (...) Eines dürfte aber im Hinblick auf menschliche Gesellschaft deutlich sein: diese Verflechtung kommunikativer Systeme im lebensweltlich-konkreten sozialen Handeln setzt die Sprache als quasi-ideales System, als Klärungs-, Berufungs- und Vermittlungsinstanz voraus.“ (Luckmann 1980: 116)

Während Ungeheuer und Juchem in Anbetracht der unentrinnbaren individuellen Welttheorie nur die Möglichkeit sehen, kommunikative Verständigung über die Setzung eines dualen Zeichenbegriffs zu beschreiben, bemühen sich Schütz und Luckmann in ihren Konstitutionsanalysen darum zu zeigen, dass die *individuellen Welttheorien* der Subjekte – geleitet vom pragmatischen Motiv und angetrieben von der Generalthese der Reziprozität der Perspektiven – im intersubjektiven Spiegelungsprozess schrittweise zu *allgemeinen Welttheorien* mutieren, so dass eine kommunikative Verständigung vor dem Hintergrund im Wesentlichen übereinstimmender Deutungsmuster und Verweisungsschemata möglich wird. Schütz und Luckmann vermeiden (zumindest zunächst) die Aporien eines dualen Zeichenbegriffs, indem sie die Perspektivität der Erfahrungsbildung als der Tendenz nach für überwindbar darstellen. Besonders deutlich wird diese Tendenz in Luckmanns Konstitutionsanalyse der Sprache. Bei der Lektüre der entsprechenden Texte (Luckmann 1969, 1972, 1980, Schütz/Luckmann 1984) stellt man leicht fest, dass mit der Herausbildung des „quasi-idealen Zeichensystems" Perspektivität als überwunden gelten soll. Das von Luckmann reklamierte Zeichensystem trägt fast schon generativ *strukturalistische* Züge und könnte – so denke ich – zur Fundierung entsprechender Sprach- und Sozialtheorien herangezogen werden (vgl. Schröer 2001). Diese strukturalistische Position wird von Alfred Schütz zumindest nicht in dieser Entschiedenheit vertreten. Schütz hebt an vielen Stellen die Nichthintergehbarkeit der subjektiven Perspektive hervor. So schreibt er beispielsweise:

> „Genau genommen ist eine völlige Identität der Interpretationsschemata des Mitteilenden und des Deutenden nicht möglich, jedenfalls nicht in der Welt des Alltags bzw. der Wirklichkeit des Alltagsverstandes. Das Interpretationsschema ist bis ins einzelne durch die biographische Situation und die ihr entspringenden Relevanzsysteme bestimmt. (...) Dennoch können Mitteilungen für viele, durchaus nützliche Zwecke höchst erfolgreich sein (...): erfolgreiche Kommunikation ist nur zwischen Personen, sozialen Gruppen, Nationen usw. möglich, die im wesentlichen die gleichen Relevanzsysteme besitzen. Je größer der Unterschied zwischen ihren Relevanzsystemen, je geringer die Möglichkeiten für eine erfolgreiche Kommunikation. Bei gänzlich verschiedenen Relevanzsystemen kann es nicht mehr gelingen, eine 'gemeinsame Sprache' zu finden." (Schütz 1971d: 372f)

Blickpunkt ist hier die subjektive Perspektive der Kommunizierenden. Intersubjektivität wird als mehr oder weniger weitgehende und von daher mehr oder weniger tragfähige Ähnlichkeitsbeziehung der subjektiv verankerten Relevanzsysteme begriffen. D.h.: Sie ist nicht als den Subjekten vorgegebene Struktur oder Systematik, sondern als nicht unbedingt vollabgestimmte Bezugnahme der Subjekte aufeinander konzipiert. Diese Sichtweise wird von Schütz aber nicht immer durchgehalten. So schreibt er beispielsweise in seinem Aufsatz „Die Gleichheit und die Sinnstruktur der sozialen Welt":

> „Jedoch bezieht sich jede hier genannte Gruppe auf eine größere, von der sie ein Element ist. Ehe oder Geschäftsbeziehung gehören natürlich in den allgemeinen Rahmen der Kultur der Großgruppe und müssen mit dem Lebensstil (...), der in dieser Gruppe herrscht und den handelnden Individuen als Orientierungs- und Auslegungsschema ihrer Handlungen vorgegeben ist, übereinstimmen. Es steht jedoch dem Ehe- oder Geschäftspartner frei, ihre individuelle (private) Situation innerhalb dieses Rahmens zu definieren und stets neu zu definieren. Dies ist offensichtlich der tiefere Grund, warum für Max Weber die Existenz einer Ehe oder eines Staates nicht mehr bedeutet als die bloße Chance (Wahrscheinlichkeit), daß die Leute auf spezifische Weise handeln und handeln werden – oder, in der Terminologie dieser Abhandlung, daß sie in Übereinstimmung mit dem allgemeinen Rahmen der Typisierungen und Relevanzen, die von der jeweiligen soziokulturellen Umwelt als fraglos gegeben anerkannt wurden, handeln oder handeln werden. Ein solcher allgemeiner Rahmen wird vom individuellen Mitglied als zu interiorisierende Institutionalisierung aufgefaßt, und das Individuum muß seine persönlich einmalige Situation mit diesem für die Realisierung seiner besonderen persönlichen Interessen institutionalisierten Muster definieren.“ (Schütz 1972a: 232f)

Ausgangspunkt ist hier eine kulturell allgemeine Perspektive, die den subjektiven Perspektiven verbindlich vorgegeben ist, der sich die subjektiven Perspektiven unterordnen müssen und die – wie bei Gumperz – den Rahmen absteckt, in dem verschiedene subjektive Aneignungsformen des allgemeinen Rahmens möglich sind. Subjektivität ist in diesem Verstande lediglich eine Variante des Allgemeinen, der ‘token’ eines ‘types’. Das von Luckmann angezeigte „quasi-ideale Zeichensystem“ kann einer so strukturtheoretisch konzipierten kulturellen Allgemeinperspektive dann als „Hauptsystem der gesellschaftlichen Bewusstseinsformung, Wirklichkeitsvermittlung und Handlungsstrukturierung“ (Luckmann 1980: 106f) dienen.[10] Die Stellungnahme von Schütz zum

[10]Ausgearbeitet ist diese Strukturtheorie von Schütz/Luckmann in dem ersten Band der „Strukturen der Lebenswelt“, Kapitel IV: Wissen und Gesellschaft 1979: 293-392.

Gewicht der Perspektivität fällt also uneindeutig aus. So stellt sich gerade im Anschluss an Schütz die Frage, ob die Entwicklung der Intersubjektivität und damit einerhergehend die Anonymisierung und Idealisierung des sprachlichen Zeichensystems wirklich so weit gediehen sein können, dass der Aspekt der Perspektivität untergeordnet behandelt werden kann, wie Luckmann und in Teilen eben auch Schütz es suggerieren.

Eine im strengen Sinne strukturalistische Position zielt stets auf die Existenz einer dominierenden Zentralperspektive ab. So spricht Schütz in dem zuletzt aufgeführten Zitat auch von „der jeweiligen soziokulturellen Umwelt", die einen bestimmten Typisierungs- und Relevanzrahmen als fraglos gegeben anerkennt. Nimmt man nun diese jeweilige soziokulturelle Umwelt etwas näher unter die Lupe, so zerfällt sie in Einzelperspektiven, die den anerkannten Typisierungs- und Relevanzrahmen entsprechend der jeweils „persönlich einmaligen Situation" 'verzerrt' repräsentieren. Die Frage ist dann, wo die dominierende Zentralperspektive zu besichtigten ist, von wem sie personell getragen wird.

Typisierungs- und Relevanzrahmen können nur in den spezifischen Auffassungsperspektiven der Subjekte zum Ausdruck kommen, so dass Intersubjektivität nur vom Zusammenspiel dieser dezentralen Perspektiven her verstanden werden kann. Und das heißt: Eine auf verschiedene Subjekte bezogene Gleichheit der Erfahrung kann zwar als Folge der komplexen und allgegenwärtigen intersubjektiven Widerspiegelungsprozesse recht weitgehend entwickelt sein, sie kann aber nie den Status des Ähnlichkeitswissens überschreiten, und sie muss alltäglich im Zusammenspiel der Subjekte von diesen neu wiederhergestellt und modifiziert werden.[11]

„Die Organisation sozialer Ordnung kann demnach nicht ver-

[11] Religionssoziologisch gewendet heißt dies: Das Subjekt steht in einem Dilemma, das es nicht zu beheben, sondern lediglich zu überbrücken vermag. Es sucht nach einem religiösen Muster, das es „in eine gesellschaftlich und geschichtlich transzendente Wirklichkeit stellt" (Luckmann 1991: 165), in das es aber „niemals (...) gänzlich und auf Dauer aufgehen wird" (Soeffner 1994: 314).

standen werden als das Auffüllen vorgegebener Handlungs- und Deutungsrahmen mit fixierten Typen. Sie basiert auch nicht auf einer 'Verhaltensgrammatik', einer Syntax tradierbarer 'Rahmen' und einem Lexikon von Handlungs-, Bedeutungs- und Deutungstypen. Vielmehr muß sie von den Gesellschaftsmitgliedern immer wieder durch konkrete Handlungen hergestellt und an Veränderungen angepaßt werden." (Soeffner 1989b: 151; vgl. auch ders. 1999)

So betrachtet ist die intersubjektiv verbindliche Beschreibung einer dominierenden Zentralperspektive und die entsprechende Beschreibung „intersubjektiver Appräsentationssysteme", d.h.: die Postulierung eines quasi-idealen Zeichensystems, ein heikles Unterfangen. Sie ist zum einen streng genommen nicht möglich, weil es keine Warte gibt, von der aus ein Subjekt eine solche intersubjektiv gültige Beschreibung vornehmen könnte. Zum anderen ist – und dieser Aspekt scheint mir wichtiger – ein im strengen Sinne gemeinsames „intersubjektives Appräsentationssystem" in Anbetracht der biographisch perspektivischen Lage des Subjekts v.a. in komplexen Gesellschaften unwahrscheinlich. Es kann keine „unschuldigen Wörter" geben, wie Bourdieu sagt.[12] Das übliche Ausweichen auf die Unterstellung von intersubjektiven Schnittmengen ist nicht nur aus erkenntnistheoretischer Perspektive problematisch: Es ist *streng genommen* nicht möglich, *aus divergierenden Wissens- und Gebrauchskontexten gemeinsame Wissensbestände herauszuschnei-*

[12] Bourdieu kommt zu dieser Einschätzung aus einer eher makrosoziologischen Betrachtung heraus. „Der Rückgriff auf eine neutralisierte Sprache ist immer dann geboten, wenn es darum geht, zwischen Akteuren und Gruppen von Akteuren mit ganz oder teilweise unterschiedlichen Interessen zu einer praktischen Übereinkunft zu kommen. (...) Die Kommunikation zwischen Klassen (oder zwischen ethnischen Gruppen in kolonialen oder semi-kolonialen Gesellschaften) ist immer kritisch für die hierbei verwendete Sprache, welche es auch sei. Sie provoziert nämlich leicht einen Rückfall in die am offensten mit sozialen Konnotationen aufgeladene Bedeutung. Wenn man in Gegenwart von einem, der frisch vom Land kommt, 'Bauer' sagt, weiß man nie, wie er es aufnimmt. Damit gibt es keine unschuldigen Wörter mehr. Dieser objektive Demaskierungseffekt bricht die scheinbare Einheit der Alltagssprache auf." (1990: 15)

den und gemeinsame Zeichen zu konstruieren, da sich die Bedeutung von Wissensausschnitten und von Zeichen stets aus dem perspektivisch strukturierten Gesamt des jeweiligen Wissens- und Gebrauchskontextes ergibt.[13]

2.2.5. Resümee: Kommunikation als pragmatische Abstimmung perspektivgebundener Deutungsmuster

Ausgangspunkt dieser kommunikationstheoretischen Vertiefung war die Problematisierung der Möglichkeit von Kommunikation. Gerold Ungeheuer hat drei aufeinander bezogene Problemebenen herausgestellt – die Innen-Außen-Dichotomie, die Indexikalität der zeichenhaft äußeren Handlungen und vor allem die Nichthintergehbarkeit der Individuellen Welttheorie –, die Kommunikation zunächst unwahrscheinlich erscheinen lassen.

Die Lösungen, die im Rahmen der Systemtheorie und des Radikalen Konstruktivismus angeboten werden, beschreiben die Bewältigung der kommunikativen Problemlage nicht angemessen. Während Luhmann Kommunikation als selbstreferentiellen Se-

[13] In diesem Zusammenhang wird dann auch klar, dass die in sprach- und kommunikationswissenschaftlichen Zusammenhängen durchaus übliche – und auch oben von mir bei der Formulierung der Fragestellung (Kap. 1.4.) vorgenommene – Gegenüberstellung von pragmatischer und semantischer Kommunikationsebene nicht haltbar ist. Die pragmatische und die semantische Ebene sind nicht nur eng aufeinander bezogen, ihr Verhältnis wird überdies von der pragmatischen Ebene fundiert: „Sprache ist nur angemessen beschrieben, wenn sie von vornherein unter dem Aspekt der Handlung gesehen wird, d.h. wenn die Kategorien und Klassifizierungen pragmatisch fundiert sind. Konkreter gesagt: Wenn sich über Bedeutungen nur in Kategorien des Gebrauchs sprechen lässt, und wenn man ferner zeigen kann, dass es nicht sinnvoll ist, syntaktische Kategorien unabhängig von semantischen zu bilden, dann ergibt sich ein Fundierungsverhältnis, dessen Basis die Pragmatik bildet, auf der zunächst die Semantik und schließlich die Syntax aufruht." (Schneider 1975: 17, zitiert nach Eschbach 1977: 65f) D.h., „daß die Pragmatik nicht im Sinne behavioristischer und auch verschiedener sozialpsychologischer Ansätze als empirische Restmenge additiv zur Geltung gelangt, sondern das zentrale Fundierungsverhältnis bildet." (Eschbach 1977: 66)

lektionszirkel beschreibt und dabei die kommunikativen Leistungen der Subjekte willkürlich über einen Wechsel der Beobachterperspektive ausblendet und erst mit diesem 'Trick' von einer handlungs- in eine systemtheoretische Beschreibung springen kann, gehen die Radikalen Konstruktivisten schon in der Beschreibung der kommunikativen Ausgangslage am zentralen kommunikativen Problem, der Perspektivität, vorbei: Sie stellen die operationale Geschlossenheit der Bewusstseinssysteme in den Vordergrund.

So bot sich eine genauere Betrachtung handlungstheoretischer Lösungsansätze an, da in ihnen Kommunikation aus der Sicht der praktisch wirkenden Subjektivität beschrieben wird. Herangezogen wurden das Konzept von Ungeheuer und Juchem und das von Schütz und Luckmann. Die von Ungeheuer angedeutete und von Juchem ausgeführte Theorie läuft auf eine Spaltung zwischen Perspektivität und Intersubjektivität und letztlich auf eine Dualisierung des Zeichenbegriffs hinaus. Dieser Ansatz bleibt unbefriedigend, weil sich Intersubjektivität letztlich nicht von der Perspektivität der 'Individuellen Welttheorie' lösen und unabhängig betrachten lässt. Der Ansatz von Schütz und Luckmann trägt der nicht hintergehbaren Bezogenheit von Perspektivität und Intersubjektivität zunächst Rechnung. Sie beschreiben konstitutionsanalytisch, wie Subjekte geleitet vom pragmatischen Motiv und angetrieben von der Generalthese der Reziprozität der Perspektiven im intersubjektiven Spiegelungsprozess ihre individuellen Welttheorien zu allgemeinen Welttheorien überformen. Die so entstandenen übereinstimmenden Relevanzsysteme und Deutungsmuster machen dann kommunikative Verständigung möglich. Allerdings droht diese Konzeption – v.a. in der zeichentheoretischen Fortschreibung durch Luckmann – auf eine 'Ausblendung' der Perspektivgebundenheit kommunikativer Prozesse hinauszulaufen. *Schütz und Luckmann neigen dazu, ihre im Ansatz konstruktivistische in eine quasi-realistische, strukturalistische Position zu überführen*, ohne dass plausibel wird, wie „typisierende Konstruktionen von Gedankenobjekten *an die Stelle* (Hervorhebung N.S.) von Gedankenobjekten meiner privaten Erfahrung (...) treten“

(Schütz 1971d: 365) können – *wie eine Überführung von Perspektivität in eine im Kern gemeinsame Intersubjektivität überhaupt möglich ist.* Perspektivität steht so in der Gefahr, zur *Residualkategorie* zu verkümmern. Es droht auch hier eine Dualisierung des Erfahrungs- und Zeichenbegriffs – allerdings mit einer Betonung der anderen Seite: der „gemeinsamen Gegenstände".

Nimmt man hingegen Perspektivität als Ausgangspunkt der kommunikationstheoretischen Betrachtung ernst, dann scheint es angezeigt, sich strikt damit zu begnügen, Intersubjektivität als einen lediglich annäherungsweise erreichbaren Grenzwert zu begreifen, wobei der Annäherungsgrad selbst genau genommen auch nur perspektivisch bestimmt werden kann. Eine Klärung der Bedingung der Möglichkeit von Kommunikation muss die Perspektivität kommunikativen Handelns, also die individuellen Welttheorien der Subjekte, in Rechnung stellen und zum Ausgangspunkt der Theoriebildung machen. Alfred Schütz hat gezeigt, mit welchem Verfahren Menschen sich alltäglich darum bemühen, diese Perspektivität zumindest so weit zu überwinden, dass eine kommunikative Orientierung mit Blick auf die Verfolgung praktischer Ziele möglich wird. Die Generalthese der Reziprozität der Perspektiven ist eine pragmatisch motivierte, idealisierende Grundhaltung, die kommunikative Verständigung erst möglich macht. Alltäglich durchgehalten treibt sie den sozialen Typisierungsprozess an und führt dann zu relativ stabilen Übereinstimmungen und Ähnlichkeiten der zeichenhaft appräsentierten Deutungsmuster. Die relative Stabilität des 'gemeinsamen' Deutungsrahmens darf aber nicht darüber hinwegtäuschen, dass die zeichenhaft appräsentierten Deutungsmuster immer biographisch-perspektivisch gebunden bleiben und dass die Stabiltät der kommunikativen Orientierung lediglich einer alltäglich stets wieder herzustellenden, zu bestätigenden und ggf. zu modifizierenden Ähnlichkeitsbeziehung aufruht.

> „Diese subjektive Perspektivität als der immer mitgegebene Erfahrungsmodus der intersubjektiven Welt ist – wie Schütz wiederholt betont – die Quelle der Ambivalenz ihrer typischen Gegebenheitsweise: Die Typik, in der mir die Welt und die anderen gegeben sind, ist eben 'nur' typisch und keine Gewiß-

heit. (...) Absolute Kommunikation ist nicht möglich.“ (Srubar 1988: 237)

Von daher scheint es sinnvoll, die Annahme von Wissens- und Appräsentationsüberschneidungen nicht ganz so – wie Luckmann und zum Teil eben auch Schütz – in den Vordergrund zu rücken und *statt dessen die verbleibende und unausrottbare Perspektivgebundenheit der kommunikativen Orientierung im allgemeinen und der Zeichenkonstruktion im besonderen und damit die verbleibende Fragilität jeder kommunikativen Verständigung stärker hervorzuheben.* Mit einem perspektivisch pragmatischen Verständnis von Intersubjektivität, Bedeutungs- und Zeichenkonstitution vermeidet man die Einnahme einer konstruktivistisch nicht fundierbaren quasi strukturalistischen Position, in der die Handlungssubjekte als Anhängsel ihrer Kultur begriffen und darauf verwiesen werden, kulturspezifische Wissensschemata zu variieren und Spielräume situativ auszugestalten. Statt dessen rückt die leistende Subjektivität genauso in den Vordergrund wie die nicht zur Ruhe kommende Dynamik einer dezentralen kulturspezifischen Abstimmung divergierender Perspektiven. Das mit der hier vorgetragenen kommunikationssoziologischen Fundierung eingeforderte Kulturverständnis kommt den aktuell in der Ethnologie diskutierten pragmatisch konstruktivistischen Konzepten recht nahe (Schiffauer 1995, 1999; Schlee/Werner 1996; Fuchs 1997; Wimmer 1996, 1997; Welsch 1997). In Abgrenzung zum (auf Herder zurückgehenden) holistischen Kulturverständnis plädiert beispielsweise Fuchs dafür

„daß wir den Kulturbegriff umschreiben müssen, daß wir ihn handlungs- und interaktionstheoretisch reformulieren müssen. Ich plädiere für einen Universalismus, der Differenz respektiert.“ (1997: 142)

Man geht zwar auch aus dieser Sicht von „Gemeinsamkeiten von Angehörigen ‘einer Kultur’ (aus; N.S.) – aber diese Gemeinsamkeiten sind temporär, sie stellen sich immer wieder neu her.“ (Schiffauer 1999)

Kultur bietet den Gesellschaftsmitgliedern in diesem Verstande keine eindeu-

tige, völlig abgestimmte und in diesem Sinne verbindliche Orientierung an. Die Subjekte verinnerlichen vielmehr eine 'gesellschaftlich vorentworfene' Orientierungsmatrix, die sie aber nach Kosten- und Nutzengesichtspunkten gemäß den eigenen Interessen modifizieren, was dann im Austauschprozess mit den anderen Subjekten zur Modifikation der Matrix und damit des kulturellen Orientierungsrahmens führt (Wimmer 1997: 129). *Kultur wird so zu einem dynamischen und wandelbaren Konstrukt*, das sich aus „verhandelbaren Diskursfeldern" zusammensetzt, in denen „die Beteiligten Normen, Werte und Überzeugungen weniger teilen, als daß sie sie ständig neu aushandeln, sich über sie auseinandersetzen und streiten." (Schiffauer 1999) Auf den Punkt gebracht wird dieses handlungstheoretische Kulturverständnis von Andreas Wimmer. Ihm zufolge ist

> „Kultur als ein offener und instabiler Prozeß des Aushandelns von Bedeutungen zu definieren, der kulturell geprägte, aber kognitiv kompetente Akteure in unterschiedlichen Interessenlagen zueinander in Beziehung setzt und bei einer Kompromißbildung zur sozialen Abschließung und entsprechenden kulturellen Grenzmarkierung führt." (1997: 132)

Aber erst wenn man dieses handlungstheoretische Kulturverständnis mit dem oben entwickelten perspektiv pragmatischen Verständnis von Kommunikation und Intersubjektivitätskonstruktion unterlegt, wird es eigentlich plausibel. Dann können nicht nur empiristische, sondern auch theoretische Verkürzungen, wie sie beispielsweise bei Wimmer (1997: 129) in der Anlehnung an Konzepte des „Rational Choice" (Esser 1990, 1991) zu finden sind, vermieden werden. Kultur als Aushandlungsprozess muss dann nicht mehr voluntaristisch in Interesse- und Nutzenmaxierungskategorien begriffen werden. Die Dynamik des kulturellen Prozesses wird dann systematisch begreifbar als Folge der den Subjekten nicht hintergehbar auferlegten Perspektivität, die 'das' kulturelle Gefüge nicht zur Ruhe kommen lässt, weil sie die Subjekte alltäglich in immer neue Aushandlungs- und Abstimmungsprozesse treibt.

Die Einsicht in die kulturelle Heterogenität und die ihr zugrunde liegende kommunikative Dynamik bringt es mit sich, dass empirische Untersuchungen, die auf substantielle Gemeinsamkeiten von Gesamtkulturen rekurrieren, keinen rechten Sinn mehr ergeben. Ein heterogenes Kulturverständnis, ein Kulturverständnis, das Kultur als steten Aushandlungs- und Anpassungsprozess divergierender Perspektiven und Interessen, als dezentralen Ähnlichkeitsbereich begreift, sollte die empirische Sozial- und Kommunikationsforschung dazu animieren, konkret zu fragen, „welche Debatten stattfinden, um was gestritten und über was sich auseinandergesetzt wird, und wie dies geschieht" (Schiffauer 1999). Es geht dann um die Rekonstruktion kultureller Orientierungen mittlerer Reichweite, mit denen Knotenpunkte der aktuellen gesellschaftlichen und (inter-) kulturellen Dynamik sichtbar gemacht werden sollten.

2.3. Interkulturelle Kommunikation: ein Spezialfall kommunikativer Verständigung

Anstoß für die grundlagentheoretisch vertiefende Beschreibung des kommunikativen Mitteilungs- und Verstehensprozesses waren zum einen allgemeine konzeptionelle Probleme des von Gumperz konzipierten Kontextualisierungsansatzes und zum anderen die besonderen Schwierigkeiten, mit dem von Gumperz zur Verfügung gestellten analytischen Instrumentarium interkulturelle Verständigungsprozesse zu beschreiben. Insgesamt geht es um eine kommunikationstheoretische Fundierung des Verständnisses von interkultureller Kommunikation.

Als Kernproblem der „Interaktionalen Soziolinguistik" wurde das ungeklärte Verhältnis von allgemeinem soziokulturellen Deutungsrahmen zur Perspektivität der Aneignung dieses Deutungsrahmens durch die Subjekte und zur situativen Verständigung in Anbetracht dieser perspektivischen Aneignung festgestellt. Die Neigung Gumperz' zu einer strukturalistischen Verhältnisbestimmung ermöglichte zwar eine plausible Erklärung interkultureller Missverständnisse, sie führte aber eben zu den aufgezeigten Problemen bei der Beschreibung interkultureller Verständigung.

Mit der in Anlehnung an Gerold Ungeheuer und vor allem an Alfred Schütz hergeleiteten Beschreibung eines pragmatischen Kommunikationsverständnisses sind die Voraussetzungen zur Überwindung der Aporien des Kontextualisierungsansatzes geschaffen. Denn:

Begreift man den jeweiligen kulturellen Deutungsrahmen als aus dem pragmatischen Zusammenspiel der subjektiven Perspektiven hervorgegangene, in wesentlichen Teilen verfestigte, aber stets fragil bleibende und zu überarbeitende Ähnlichkeitsbeziehung, dann wird sowohl die Möglichkeit interkultureller Verständigung als auch die besondere Problematik interkultureller Kommunikation plausibel.

Das auffälligste und für die Beteiligten wohl unangenehmste Merkmal interkultureller Kommunikation besteht im häufigen Misslingen kommunikativer Verständigung. Den Kommunikationsparteien gelingt es dabei nicht bzw. nicht immer hinreichend, sich im kommunikativen Umgang miteinander wechselseitig mit Erfolg ihre Intersubjektivitätsannahmen zu unterstellen. D.h.: Es gelingt ihnen nicht, Kontextualisierungshinweise zu setzen, die von den Beteiligten so gedeutet werden, dass die Situationselemente und die jeweils zuhandenen Wissensbestände hinreichend und selbstverständlich so zur Deckung kommen, dass eine kommunikative und handlungspraktische Koorientierung möglich wird. Wie kommt es aber zu dieser Nichtpassung der kommunikativen Routinen, im Kern: zu der Nichtpassung der Intersubjektivitätsannahmen? Drei Aspekte stehen hier im Vordergrund:

a) Oft setzen die Schwierigkeiten schon bei der Verwendung *nichtidentischer Zeichenträgersysteme*, Gumperz spricht von Kontextualisierungshinweisen, an. D.h.: Die Merkmale der äußeren Handlungen, die von den Mitgliedern einer Sprachgemeinschaft verbindlich als Träger von über sie appräsentierten spezifischen Bedeutungen eingesetzt werden, sind nicht identisch. Alltäglich spricht man davon, dass Menschen verschiedene Sprachen sprechen.

b) Von grundsätzlicherer Bedeutung ist eine *Inkongruenz der appräsentierten Relevanzsysteme* und der sich auf ihnen jeweils aufbauenden Deutungs- und Wissensmuster. In den Relevanzsystemen, den kommunikativen Grundorientierungen, sind jeweils die Prinzipien der Wirklichkeitskonstruktion und -interpretation beschlossen, aus denen sich die typischen Deutungs- und Wissensmuster ergeben. Ähneln sich die jeweiligen Relevanzsysteme und Deutungsmuster so wenig, dass beiden Parteien eine erfolgreiche Unterstellung ihrer Intersubjektivitätskonstruktionen nicht möglich ist, dann nutzt auch die Verwendung identischer Kontextualisierungshinweise nichts. Die mit der Reziprozität der Perspektiven einhergehenden Idealisierungen lassen sich dann nicht durchhalten. Orientierung und Handlungskoordinierung sind kaum möglich.

c) Typisch für die interkulturelle Kommunikation ist auch, dass die zwangsläufig aufkommenden *Missverständnisse nicht über metakommunikative oder praktische Verfahren der Konsensfindung kurzfristig behoben werden können.* Eine solche Möglichkeit setzt eine ansonsten relativ stabile Ähnlichkeit oder Passung des Relevanz- und Deutungsrahmens, wie er für intrakulturelle Kommunikation gegeben ist, voraus.[14]

Wie ist kommunikative Verständigung nun vor diesem Hintergrund überhaupt möglich? Oben wurde ausgeführt, dass 'intersubjektive' Appräsentationssysteme aus dem Zusammenspiel der subjektiven Perspektiven entstehen, d.h., dass sie im intersubjektiven Widerspiegelungsprozess herausgebildet, in ihm erhalten und überarbeitet werden. Leitend bei diesem Prozess ist das pragmatische Motiv der sozial Handelnden und Ziel ist die Etablierung einer relativ festgefügten Ähnlichkeitsbeziehung der perspektivisch

[14] Eine differenzierte Auflistung der für die Beteiligten problematischen Aspekte interkultureller Kommunikation findet sich in Loenhoff 1992: 190ff.

verankerten Deutungsmuster der Subjekte, so dass die mit der Reziprozität der Perspektiven einhergehenden Idealisierungen bis auf weiteres durchgehalten werden können. Es geht bei der menschlichen Kommunikation also nicht um ein totales wechselseitiges Verstehen, sondern 'nur' um die Herstellung eines praktischen Konsenses, um Verständigung in Anbetracht von Erfahrungsungleichheit. Der kulturspezifische Relevanz- und Deutungsrahmen ist den Subjekten nicht einfach strukturell verbindlich vorgegeben, sondern er ist zunächst einmal selbst Ergebnis subjektiver Aktivitäten, und er kann im Grunde genommen jederzeit von den Subjekten, wenn ihnen dies angezeigt sein sollte, modifiziert und entsprechend den praktischen Erfordernissen verändert werden. In Bezug auf die Möglichkeit interkultureller Verständigung folgt daraus: *Subjekte, die in verschiedenen soziokulturellen Ähnlichkeitsbeziehungen verankert sind, sind grundsätzlich in der Lage, den von ihnen jeweils aufgebauten Relevanz- und Deutungsrahmen pragmatisch motiviert in einem gemeinsamen Spiegelungsprozess so weit auszudifferenzieren, dass sich Ähnlichkeiten der Erfahrungsaufbauten herausbilden, die einen praktischen Konsens und damit Handlungskoordinierung möglich machen. Die Möglichkeit zu interkulturellen Verständigungsprozessen ist gegeben, weil die Ausgangslage interkultureller Kommunikation bzw. Verständigung im Grunde ein Spezialfall der Ausgangslage kommunikativer Verständigungsprozesse überhaupt ist* (vgl. Loenhoff 1992: 218). Auch im Rahmen intrakultureller Kommunikation geht es um Verständigung in Anbetracht struktureller Erfahrungsungleichheit, so dass die Grenzen zwischen intra- und interkultureller Kommunikation fließend sind.

Im Unterschied zur interkulturellen Kommunikation können die Interaktanten in intrakultureller Interaktion auf ein bereits ausgearbeitetes, erprobtes, ihnen vertrautes und selbstverständliches 'intersubjektives' Appräsentationssystem zurückgreifen, mit dem die Divergenzen der subjektiven Erfahrungsbildung aber auch nur bis auf weiteres alltäglich ausbalanciert sind. Die für interkulturelle Kommunikation so typischen Missverständnisse treten in intrakultureller Kommunikation eher selten so massiv auf. Das spezifische Problem, vor dem die Interaktanten in interkultureller

Kommunikation stehen, lässt sich von daher in die Frage kleiden: *Wie ist Verständigung in Anbetracht unabgestimmter und bereits vollgültig ausgearbeiteter, den Parteien jeweils vertrauter und selbstverständlicher, nicht kompatibler Deutungsrahmen möglich?*

Menschen, die sich in einer interkulturellen Verständigungssituation befinden, bemühen sich im Normalfall zunächst wie selbstverständlich darum, die wahrgenommenen Situationselemente mit den ihnen vertrauten Wissensbeständen zur Deckung zu bringen (Schütz 1972b: 60). Dieser Versuch kann in großen Teilen erfolgreich sein. Vor allem dann, wenn der fremdkulturelle Kommunikationspartner einer verwandten Kultur angehört, kann sich der Erfolg durchaus auf weitgehenden Ähnlichkeiten der unterstellten Deutungsmuster und Relevanzsysteme gründen.[15] Allerdings ist 'die Gefahr' auch recht groß, dass einem Gelingen der Unterstellungen die bloße (situative) Passung thematisch auch nicht im Wesentlichen deckungsgleicher Deutungsmuster zugrunde liegt. Damit würde die Verständigungssituation für die Zukunft sehr zerbrechlich.

Typisch für interkulturelle Verständigungssituationen ist aber, dass die wahrgenommenen Situationselemente in wesentlichen Teilen nicht mit den abgelagerten Deutungsmustern und Relevanzsystemen zur Deckung gebracht werden können. Die Folge ist Irritation, partielle Orientierungslosigkeit und Handlungshemmung. Eine solche Situation stellt insofern eine Herausforderung für die „relativ natürliche Weltanschauung“ dar, als die so in ihrem totalen Gültigkeitsanspruch bedroht ist. Denn:

> „In der vollsozialisierten natürlichen Einstellung ist es selbstverständlich, daß die von mir als gegeben hingenommene Lebenswelt auch von dir als gegeben hingenommen ist, mehr noch, von uns, grundsätzlich von jedermann.“ (Schütz/Luckmann 1979: 89)

---

[15]Die empirischen Studien von von Helmolt (1997) und von Kalberg (1996) zeigen allerdings am Beispiel deutsch-französischer bzw. deutsch-amerikanischer Kommunikation, daß auch verwandte Kulturen durchaus signifikante Unterschiede aufweisen, die zu interkulturellen Mißverständnissen führen können.

Die Menschen haben in den entsprechenden Situationen zwar grundsätzlich die Möglichkeit zu erkennen, „daß auch wir nicht jedermann sind, sondern daß es verschiedene Arten von Menschen gibt“ (Schütz/Luckmann 1979: 90), sie tendieren aber im Normalfall dazu, auch in den Situationen 'interkultureller Irritation' an den ihnen vertrauten Deutungsmustern und Normalitätsvorstellungen zunächst festzuhalten und das ihnen fremde Verhalten mit ihm zu vermessen. Der andere ist dann der Abweichler, der „kein ('normaler') Mensch sein“ (Schütz/Luckmann 1979: 90) kann.

Es gibt verschiedene Anlässe, von denen her Menschen realisieren, dass ihre natürliche Einstellung nur eine der möglichen ist und dass der Fremde sein Verhalten an völlig anderen Orientierungsregeln ausrichtet. Ausschlaggebend hierfür kann eine in gewissen Vorerfahrungen gewonnene Sensibilität sein. Denkbar ist aber auch, dass diese Einsicht in Anbetracht bestimmter Handlungsprobleme, an deren Behebung Interesse besteht, gewachsen ist. Und nicht zuletzt kann die Zurkenntnisnahme von Ungereimtheiten zwischen der zugeschriebenen Typisierung und den wahrgenommenen Situationselementen zu einer grundsätzlichen Infragestellung des Alleinvertretungsanspruchs der eigenen natürlichen Einstellung geführt haben. Eine entsprechende Einsicht kann dann der Ausgangspunkt für interkulturelle intersubjektive Spiegelungen sein, die dann partiell zur Bildung ähnlicher Deutungsmuster und Wissensbestände führen. Die sich fremden Subjekte versuchen dabei, sich in ihrem Zeichengebrauch die appräsentierten Bedeutungen zu verdeutlichen:

> „Sie richten Erwartungen aneinander, enttäuschen sich, stellen neue Hypothesen auf, sagen ja und nein oder sonstwas zueinander, fragen nach, zeigen auf das, was sie meinen, erklären, daß sie es so nicht gemeint haben, und so weiter. Diese langwierigen (...) Handlungsprozesse führen dazu, daß sich (...) (interkulturelle; N.S.) Ego-Alter-Relationen typisieren. Und das im doppelten Sinne des Typusbegriffs: Zum einen werden sie in bezug auf ihre Sinnhaftigkeit (wer verbindet welchen Sinn mit welchen Ausdruckshandlungen?) und hinsichtlich ihrer

> Ablauflogik (wie greifen welche Handlungen ineinander?) begrifflich schematisiert. Zum anderen werden diese Schemata in ihrer beständigen Reproduktion zu Selbstverständlichkeiten und damit zu habituellen Bezugskategorien der sozialen Orientierung." (Kurt 1993: 354f)

Die Intersubjektivitätsunterstellungen, die Menschen in intrakultureller Kommunikation auf ihre Mitmenschen richten, sind bestimmter und konkreter als diejenigen, die sie vor allem in der Aufbauphase interkultureller Kommunikation einsetzen. Da in interkultureller Kommunikation in wesentlichen Bereichen sichere Anhaltspunkte für eine Orientierung zunächst noch fehlen, geht es in den intersubjektiven Spiegelungsprozessen erst einmal darum, grobe Typisierungen zu entwickeln, um zumindest rudimentär eine kommunikative Orientierung sicherzustellen.[16] Diese erste Typisierungsphase wird sich in der Regel auf eine partielle und eher technische Bewältigung des Alltagsgeschehens begrenzen, so dass die divergierenden Relevanzsysteme noch kaum berührt sein dürften. Im weiteren Verlauf des Spiegelungsprozesses können die neu entwickelten, noch groben Typisierungen dann konkretisiert, ausdifferenziert und korrigiert werden. Dabei werden sich dann auch die Relevanzsysteme mehr und mehr angleichen können und müssen (vgl. Loenhoff 1992: 201ff). Findet diese Angleichung der Relevanzsysteme im gesellschaftlichen Maßstab statt – beispielsweise in multikulturellen Gesellschaften oder als Folge von Migrationsprozessen –, dann führt sie zur allmählichen Herausbildung neuer kultureller Orientierungsrahmen.

Erkenntnislogisch stellt sich die Frage, mit welchen Schlussverfahren die Entwicklung neuer Typisierungen überhaupt möglich wird. Oben wurden zwei Typen interkultureller Verständigung hervorgehoben: (a) die Verständigung auf der Basis der hergebrachten natürlichen Einstellung und (b) die Verständigung auf der Basis eines neu entwickelten Verständnisses von dem irritierenden Fremden. Im Rahmen des ersten Typs greifen die Beteilig-

[16]Dabei stehen die sich Fremden in der Gefahr - darauf macht Schütz aufmerksam - Individuelles für Typisches und Typisches für Individuelles zu nehmen. (1972b: 67)

ten auf ein Erkenntnisverfahren zurück, das Peirce als *qualitative Induktion* beschrieben hat (Peirce 1967; Reichertz 1993: 263ff): In Anbetracht zunächst befremdender Kommunikationselemente sucht der Irritierte nach Möglichkeiten, mit Hilfe ihm vertrauten Regelwissens die Irritation aufzuheben. Gelingt es dem oder den Interaktanten nicht, die Irritation mit diesem Verfahren zu beheben, dann muss das vertraute Regelwissen zur Disposition gestellt werden. Ausgehend von dem irritierenden Kommunikationsphänomen und die bislang bewährten Deutungsschemata modifizierend, entwickelt er bzw. entwickeln sie dann aus einer *abduktiven Haltung* heraus neue Typen, mit denen das irritierende Kommunikationsphänomen als spezifischer Fall verstehbar wird (Peirce 1967; Reichertz 1991: 58-65 und 1993). Die so gewonnene Hypothese muss im weiteren Verlauf der Kommunikation allerdings noch qualitativ induktiv abgetestet, ausdifferenziert und ggf. modifiziert werden, bis sie Handlungsorientierung sichern und damit Gültigkeit beanspruchen kann (Peirce 1973; Reichertz 1991; Loenhoff 1992: 209ff). D.h.: Aus einer abduktiven Schlusshaltung heraus ist es den Menschen möglich, im interkulturellen Spiegelungsprozess den ihnen vertrauten und selbstverständlichen Deutungsrahmen auszudifferenzieren und pragmatisch motiviert interkulturell gerahmte Wissens- und Deutungsähnlichkeiten aufzubauen.

3. Zur hermeneutischen Auslegung des Fremden

3.1. Das Arbeitsfeld einer hermeneutischen Wissenssoziologie[17]

Eine hermeneutische Wissenssoziologie und der für sie zentrale subjektive Handlungsbegriff sind in der Annahme fundiert, „daß sich Wirklichkeit in Bewußtseinstätigkeiten konstituiert und daß historische Welten gesellschaftlich konstruiert werden“ (Luckmann 1999: 19). Es lassen sich zwei Ebenen des Subjektiven auseinanderhalten und aufeinander beziehen: die Ebene der allgemein menschlichen, invarianten Bewusstseinsformen und die historisch konkreten Bewusstseins- und Wissensausprägungen. Obwohl die invarianten Bewusstseinsformen die Bedingung der Möglichkeit für die Herausbildung historischer Wissensbestände bilden, lassen diese sich thematisch nicht aus ihnen ableiten.

> "Er (der gesellschaftliche Wissensvorrat; N.S.) konstituiert sich aus der Verknüpfung des gesellschaftlichen a priori (der empi rischen Priorität) des gesellschaftlichen Wissensvorrates für den subjektiven Wissensvorrat einerseits, mit dem 'subjektiven Ursprung' (der strukturellen Priorität) des subjektiven Erfah rungs- und Auslegungsortes gesellschaftlichen Wissens ande rerseits." (Soeffner 1999: 35)

---

[17] Da im Rahmen dieser Untersuchung die Probleme einer Hermeneutik des Fremden im Vordergrund stehen, genügt es hier, die bislang ausgearbeiteten Fundamente und Prinzipien einer hermeneutischen Wissenssoziologie zu skizzieren. Grundlegend für diese Perspektive sind: Schütz 1974; Schütz/Luckmann 1979 und 1984; Berger/Luckmann 1969; Soeffner 1989, 1992. Weiterführende Analysen sind vorgelegt in: Hitzler 1988, 1992; Reichertz 1991, 1997; Honer 1993; Soeffner/Hitzler 1994; Reichertz/Schröer 1994; Reichertz/Soeffner 1994; Knoblauch 1995; Schröer 1992: 40-69, 1994, 1997a und 1997b; Hitzler/Reichertz/Schröer (Hrsg.) 1999.

Alfred Schütz und Thomas Luckmann kommt das Verdienst zu, konstitutionsanalytisch die invarianten Strukturen der Lebenswelt herausgearbeitet zu haben. Auf dieser protosoziologischen und protohermeneutischen Konstitutionsanalyse aufbauend entwickelte Hans-Georg Soeffner dann die Prämissen einer hermeneutisch wissenssoziologischen Rekonstruktion der gesellschaftlich empirischen Wirklichkeit.

a) Der Forschungsgegenstand und das wissenschaftliche Verstehen:
Für eine sozialwissenschaftliche Hermeneutik ist die Überzeugung kennzeichnend, dass die gesellschaftliche Wirklichkeit nur *verstehend* angemessen beschrieben werden kann.[18] Ausschlaggebend hierfür ist die unterstellte Konstitution des Forschungsgegenstandes: Begreift man Gesellschaft als eine *durch kommunizierende und handelnde Subjekte konstituierte und konstruierte Wirklichkeit*, dann ist diese Wirklichkeit erst erfasst, wenn die *Sinnsetzungsprozesse der Handelnden* und der dafür relevante Bezugsrahmen nachgezeichnet sind. Gegenstand sozialwissenschaftlicher Forschung sind demzufolge zuerst die alltäglichen Verstehensleistungen der handelnden Subjekte, und der sozialwissenschaftlichen Hermeneutik fällt die Aufgabe zu, das alltäglich naive Verstehen – orientiert an der sozialwissenschaftlichen Relevanzstruktur – skeptisch auf seine Verfahren hin zu hinterfragen und diese Verfahren theoretisch gefiltert so zu ordnen, dass sie dann methodisch kontrolliert im wissenschaftlichen Verstehen, dem Verstehen zweiten Grades, zum Einsatz kommen können (Schütz 1971e).

> „Erst von einem 'Verstehen des Verstehens' aus lassen sich (...) systematisch Ähnlichkeiten und Unterschiede zwischen alltäglichem und wissenschaftlichem Verstehen aufweisen. Tatsächlich liegen diese nicht im Verfahren des Verstehens selbst, sondern betreffen eher die Organisationsform, den Reflexionsgrad und die Zielsetzung der Deutung. D.h., methodisch kon-

[18] Einen Überblick über die verschiedenen sozialwissenschaftlichen Hermeneutiken findet sich in Hitzler/Honer 1997.

> trollierte Interpretation besteht zum einen darin, daß sie ihre Deutungsregeln und ihre Verfahren aufsucht, erprobt und absichert, und zum anderen darin, daß sie eine Struktur rekonstruiert und in dieser die Bedingungen und Konstitutionsregeln sozialer Erscheinungen und Gebilde in ihrer Konkretion, ihrer konkreten Wirksamkeit und Veränderbarkeit sichtbar macht.“ (Hitzler/Reichertz/Schröer 1999: 11)

Die rationalen Prozesse sozialwissenschaftlichen Verstehens werden also aus den alltäglich selbstverständlichen Verstehensprozeduren gefiltert. Und diese alltäglichen Verstehensprozesse beschreibt eine sich wissenssoziologisch definierende Hermeneutik in für sie typischer Weise. Sie hebt auf die Frage ab, *wie Handlungssubjekte – hineingeboren in historisch und sozial entwickelte Orientierungsrahmen – diese einerseits vorfinden und sich aneignen müssen, andererseits diese immer wieder neu ausdeuten und damit auch weiterentwickeln müssen.* Die sozialkonstruktivistische Grundausrichtung ist fundiert in einem perspektivisch pragmatischen Verständnis von Intersubjektivität, Bedeutungs- und Zeichenkonstitution. Der den Subjekten alltäglich auferlegte Zwang zur Überprüfung der Brauchbarkeit ihrer selbstreferentiell aufgebauten Intersubjektivitäts- und Zeichenkonstruktionen und die alltägliche Notwendigkeit zur mehr oder weniger weitgehenden eigenverantwortlichen und riskanten Überarbeitung dieser Konstruktionen ist so plausibilisiert (Schröer 1997b). Die leistende Subjektivität kommt demnach genauso in den Blick wie die letztlich nicht zur Ruhe kommende Dynamik einer dezentralen kulturspezifischen Abstimmung divergierender Perspektiven (vgl. Kap. 2.2.), die in der verbleibenden Heterogenität der subgesellschaftlichen Auffassungsperspektiven ihren gesellschaftsanalytisch relevanten Ausdruck findet.[19]

b) Zur Brauchbarkeit von Daten:

Da der wissenschaftliche Interpret (genauso wie der Alltags-

[19] Damit ist eine Grenze zu im Kern strukturalistischen Positionen, wie sie z.B. von Oevermann 1981, 1986, 1991, 1993, Oevermann u.a. 1979; Goodenough 1964; Gumperz 1982 vertreten werden, gezogen.

mensch) keinen direkten Zugriff auf die Bewusstseinsleistungen des Handelnden hat, ist er bei seiner Annäherung an den Handlungsentwurf auf die Objektivationen angewiesen, in denen der Entwurf jeweils zum Ausdruck kommt. Da die ex-post-Annäherung rational zu erfolgen hat, müssen diese Objektivationen *diskursiv* zugänglich sein, mithin als Text vorliegen.

Der Sozialforscher verfügt so bei seiner Rekonstruktion der sozialen Wirklichkeit über zwei Bezugspunkte: den die soziale Wirklichkeit *quasi-protokollierenden Text* und das in alltagsweltlicher Teilhabe gewonnene *Vorwissen des Interpreten*. Beide Anschlüsse sind aber problematisch: der Text ist entkontextualisiert und so für sich betrachtet nichtssagend; das Vorwissen auch des wissenschaftlichen Interpreten steht vorab immer im Verdacht, zu wenig ausdifferenziert und in diesem Sinne verkürzt zu sein! Mit der Bezugnahme beider Anschlüsse aufeinander im Interpretationsakt können die Mängel der Tendenz nach überbrückt und kompensiert werden. Denn: Die Rekontextualisierung des abstrakten Textes mit Hilfe des Vorwissens des Interpreten macht es möglich, dem Text Informationen ‘über’ die soziale Bezugswirklichkeit abzugewinnen. Mit dieser 'Reanimation' wird das Vorwissen des Interpreten gleichzeitig auf die Probe gestellt. Der Interpret ist in der Auslegung des Textes immer wieder gezwungen zu überprüfen, ob sich sein Vorurteil mit dem Text verrechnen lässt. Treten Irritationen auf, dann ist er genötigt, sein Vorurteil solange zu überarbeiten, bis der Text verstehbar wird. Deutlich wird so, dass der als Text vorliegende Wirklichkeitsausschnitt ohne das Vorwissen des Interpreten zwar ausdruckslos bleibt, aber im Zusammentreffen mit dem Vorwissen des Interpreten maßgeblich zur Überwindung von Verkürzungen der etablierten Überzeugungen beiträgt und von daher für die Überprüfung und Überarbeitung der wissenschaftlichen Überzeugungsbildung unverzichtbar ist.

Allerdings bleibt die Frage, mit *welcher Datensorte* die Vorurteile des Interpreten am Härtesten auf die Probe gestellt werden können. Es dürfte evident sein, dass nicht standardisiert erhobene Daten, jene also, die nicht vor dem Hintergrund einer Forschungsfragestellung erhoben und nicht durch und durch von den subjektiven Wahrnehmungsmustern des Sozialforschers geprägt werden, den standardisierten Daten (Beobachtungsprotokolle, Interviews) vorzuziehen sind (Bergmann 1985, Reichertz 1989, Schröer 1992: 44-50). Sie bieten den Vorurteilen des Sozialforschers größeren Widerstand. Allerdings lassen Besonderheiten des Forschungsgegenstandes und des Feldes die Erhebung dieser sensiblen Daten oft nicht zu, so dass kompensatorisch auf mehr oder weniger weitgehend standardisiert erhobene Daten zurückgegriffen werden muss. Bei der Konstruktion nicht standardisierter Daten stellt sich dann weiter die Frage, wie detailliert die Objektivationen, die den Kommunikationsprozess tragenden Zeichenträger, erhoben werden sollten. Geht man davon aus, dass Sprechen „bestimmte syntaktisch-semantisch-phonetische Optionen der Sprache – und zwar in systematischer Beziehung zu gleichzeitig zu wählenden, mehr oder minder konventionalisierten Optionen der anderen kommunikativen Modalitäten in der face-to-face (und ear-to-mouth- usw.) Situation" (Luckmann 1984: 54f, vgl. auch Soeffner 1982: 33f) verwirklicht, dann scheint eine recht genaue datentechnische Nachzeichnung unausweichlich. Grundlagentheoretisch betrachtet ist dieser Folgerung zuzustimmen. Gesprächsanalysen, die sich auf die literarisierte Verschriftung von Gesprächsmitschnitten beschränken, laufen ohne Zweifel stets Gefahr, dass ihnen für die Untersuchung Wesentliches entgeht. Allerdings sind mit der grundlagentheoretischen Position nicht die forschungspraktischen Zwänge für Untersuchungen berücksichtigt, denen es weniger um die grundlagentheoretische Klärung von Datenkonstruktionsproblemen in der Kommunikationswissenschaft als vielmehr um die kommunikationsanalytische Klärung komplexer thematischer Fragestellungen geht. Würden beispielsweise in der anstehenden Untersuchung Gesprächstranskripte als Partituren der kommunikativ relevanten Zeichenträger (rein schriftsprachliche Zeichenträger; Prosodie: Intonation, Betonung, Akzentuierung; paralinguistische Zeichenträger: Tempo, Pausen, Verzögerungen, konversationelle Synchronisation etc.) zugrunde gelegt, dann würde dies unweigerlich zu einer Handlungshemmung füh-

ren, da allein schon die Anfertigung der Transkripte den forschungsökonomischen Rahmen bei weitem überschreiten würde. Eine anschließende Auswertung dieser Transkripte würde die Problemlage dann weiter verschärfen. Von daher ist jeder Sozial- und Kommunikationsforscher, der jenseits grundlagentheoretischer Fragestellungen zur Datenkonstruktion arbeitet, zu Kompromissen aufgefordert.
Alles in allem erscheint es so – aus forschungsökonomischen Gründen und mit Blick auf die Wahrung der Handlungsfähigkeit des Sozialforschers – auch für die anstehende Untersuchung tragbar, sich auf einen stark abstrahierenden, literarisierten Datentext zu beschränken.

c) Das Forschungsziel:
Die Grundlagen für eine wissenssoziologisch hermeneutische Interpretation solcher Handlungsprotokolle wurden von Hans-Georg Soeffner ausgearbeitet (Soeffner 1989). Anspruch und Ziel dieses Interpretationstyps fasst er programmatisch so zusammen:

> „Sozialwissenschaftliche Auslegung ist jeweils exemplarische Arbeit am Fall. Sie vollzieht sich auf zwei Ebenen: (1) In der Aufsuche, Erprobung und Absicherung ihrer Interpretationsregeln und ihrer Verfahren; (2) in der Rekonstruktion einer Fallstruktur, in der sie Bedingungen und Konstitutionsregeln sozialer Erscheinungen und Gebilde in ihrer Konkretion, ihrer konkreten Wirksamkeit und Veränderbarkeit sichtbar macht. Dabei sollen einerseits der Fall in seiner Besonderheit und die Bedingungen seiner Individuierung sichtbar werden. Andererseits sollen diese Typik und Vergleichbarkeit aus der Analyse der Formen und Strukturen der Typenbildung und -veränderung entwickelt und 'erklärt' werden.
> Die Interpretation des Falles erhebt Anspruch auf Objektivität in zwei Richtungen: (1) im Hinblick auf die Überprüfbarkeit, d.h. Offenlegung der Auslegungsverfahren und des in sie eingehenden Vorwissens sowie – damit verbunden – auf die Überprüfungspflicht, die der Interpret sich und anderen wissenschaftlichen Interpreten auferlegt; (2) im Hinblick auf Richtung und Ziel des Verfahrens: auf die Analyse des sozial 'objektiv' Wirksamen – auf die gesellschaftlichen Institutionen

> sowie deren historisch objektiven Sinn als Handlungsdeterminanten und auf die objektive Sinnstruktur des Handelns.
> Ziel der Analyse ist die Rekonstruktion eines objektiven Typus sozialen Handelns (Weber) in seinen konkreten fallspezifischen Ausprägungen. Dieser objektive Typus ist insofern 'Idealtypus', als er mit dem Zweck konstruiert wird, einerseits gegenüber der Empirie insofern systematisch Unrecht zu haben, als er das Besondere im Einzelfall nur unzulänglich wiedergibt, andererseits aber gerade dadurch dem Einzelfall zu seinem Recht zu verhelfen, daß er das historisch Besondere vor dem Hintergrund struktureller Allgemeinheit sichtbar abhebt." (Soeffner 1989a: 61f)

Es geht also bei einer wissenssoziologisch angelegten Hermeneutik stets *um die rationale Rekonstruktion des in typischer Weise Ähnlichen*, das ja nur im Besonderen zum Ausdruck kommt und sich nur im Einzelfall zeigt: Es geht um die *idealtypische Rekonstruktion des typischen subjektiv gemeinten Sinns* (Weber 1988; Schütz 1972c; Soeffner 1980; Kellner/Heuberger 1999).

Insofern begreift sich die hermeneutische Wissenssoziologie als *verstehende* und durchaus auch als *strukturanalytisch arbeitende* qualitative Sozialforschung.

Wissenssoziologisch ist diese Perspektive, weil sie die Frage untersucht, wie Handlungssubjekte – hineingestellt und sozialisiert in historisch und (sub)gesellschaftlich entwickelte Routinen und Deutungen – diese einerseits vorfinden und sich aneignen (müssen), andererseits diese immer wieder neu ausdeuten und damit auch weiterentwickeln (müssen).

In einem *handlungstheoretischen Sinne strukturanalytisch* ist diese Perspektive, weil demnach das Verhalten der Subjekte erst dann verstanden ist, wenn man in der Lage ist, konkret beobachtetes Handeln in Bezug zu dem vorgegebenen und für den jeweiligen Kommunikations- und Handlungstypen relevanten (sub)gesellschaftlichen Orientierungsrahmen zu setzen und es in dieser Weise als sinnvoll nachzuzeichnen. Folglich geht es bei der Rekonstruktion des kommunikativen gesellschaftlichen Handelns um die Sichtbarmachung der perspektivisch nicht völlig abgestimmten strukturell vorgegebenen Kommunikations- und Handlungsprobleme, die bei der Herausbildung der 'egologischen Perspektive' von Alltagshandelnden von Bedeutung sind. Oder anders: Es geht um die Rekonstruktion

a) der Probleme, die Individuen nicht hintergehbar bewältigen müssen, wenn sie sich in einem zu bestimmenden kulturspezifischen 'Ähnlichkeitsrahmen' handelnd orientieren und
b) der durch diese spezifische Struktur eröffneten (aber auch verschlossenen) Kommunikations- und Handlungsmöglichkeiten zur 'Lösung' dieser Probleme und der mit den gewählten Lösungen einhergehenden gesellschaftlichen Dynamik.

Im Mittelpunkt stehen Kommunikations- und Handlungszusammenhänge, die als komplexe Typen definiert sind (a) über eine von den Subjekten zu bewältigende *Aufgabenstellung*, (b) über bei der Bewältigung dieser Aufgabe in dem Bezugsfeld zwingend' wirksamen *Rahmenbedingungen* und (c) über die aus Aufgabenstellung und Rahmenbedingungen resultierenden *nicht hintergehbaren Problemlagen.*

d) Die Rekonstruktionsprinzipien:
An die Bestimmung der Zielsetzung einer wissenssoziologischen Hermeneutik anschließend lassen sich in Bezug auf die Bestimmung von Kommunikations- und Handlungstypen für die Datenerhebung und Datenauswertung drei Prinzipien formulieren:

„* Schon bei der Hypothesenbildung zur handlungstypspezifischen Problemlage ist das beobachtbare Geschehen in möglichst vielen *Details* zu berücksichtigen – und dies ist eben am besten mit der Erhebung '*natürlicher*' oder – wo es nicht anders geht – '*quasi-natürlicher (standardisierten)* Daten' möglich.

* Erhoben werden diese Daten in der Regel durch *Feldforschung.* Dabei gilt es zu beachten, dass es nicht allein um die Rekonstruktion des Handelns einer einzelnen Person geht, sondern um die Rekonstruktion der Entwicklung eines komplexen Handlungsgefüges, das durch die mehr oder weniger koordinierten Aktivitäten mehrerer Personen erst entsteht. Strauss hat solche Handlungsgefüge '*trajectory*' genannt[20]. (...)
* Die Aufarbeitung der so erhobenen Daten erfolgt sinn vollerweise im Rahmen von *Einzelfallanalysen*, weil der handlungstypspezifische Bezugsrahmen für ein trajecto ry allein in den Besonderheiten der Handlungen zum Ausdruck kommt und erfahrbar ist. Das allgemein Typi sche zeigt sich nur in den einzelfallspezifischen Beson derheiten, und es erfährt folglich in der Rekonstruktion dieser Besonderheiten als *typische* Besonderheiten ihre genaueste Bestimmung. Überdies lassen sich Hypothe sen um so eher auf ihre Brauchbarkeit hin überprüfen, desto weitgehender sie sich in der Interpretation von Fallbesonderheiten bewähren müssen.“ (Reichertz/ Schröer 1994: 61f)

3.1.1. Die Perspektivität des Rekonstruktionsprozesses: Forschung als „Verallgemeinerung der Verallgemeinerung“

In der Rekonstruktion der sozialen Wirklichkeit geht es einer Hermeneutischen Wissenssoziologie darum, gemäß den soeben angedeuteten Grundsätzen methodisch kontrolliert und modell-

[20] Vgl. Strauss 1991a und 1991b. Mit 'trajectory' bezeichnet Strauss komplexe Handlungsgefüge, die von einer Reihe von Akteuren, welche nicht unbedingt eine Gruppe bilden müssen, hervorgebracht werden, "ohne daß ein zentraler Planer oder Autor - ein zentrales Subjekt - auszumachen wäre (...). Das eigentliche gesellschaftliche ‘Subjekt’ dieses - am Kern engen, an der Peripherie weitmaschigen - Kooperationsgefüges ist die jeweilige gesellschaftliche Organisation selbst." (Soeffner 1991: 10)

haft herauszuarbeiten, aufgrund welcher Sinnbezüge gehandelt wurde, wie gehandelt wurde. Die Möglichkeit dazu ist bereits angelegt in den Verstehensprozessen des Alltags. Der Sozialforscher macht sich die Tatsache zunutze, dass Menschen sich im alltäglichen Normalfall (d.h. in intrakulturellen Kontexten) über die Verwendung zwar perspektivgebundener, aber doch ähnlicher und weitgehend abgestimmter Erfahrungstypen orientieren, indem sie jeweils die Beweggründe des anderen verstehend nachzuzeichnen suchen. An solchen als weitgehend übereinstimmend unterstellten Motivationszusammenhängen und Deutungsmustern richtet der wissenschaftliche Interpret seine Beschreibung sozialer Prozesse aus. Das ist ihm 'näherungsweise' möglich, soweit er selbst in den relevanten und kulturspezifischen Ähnlichkeitsrahmen einsozialisiert ist.

Mit der Attribuierung „ähnlich“ soll nicht vertuscht, sondern hervorgehoben werden, dass die Einsicht in die perspektivisch pragmatische Lage des Subjekts nicht nur für eine Beschreibung des sozial- und kommunikationstheoretischen Forschungsgegenstandes, sondern auch für die Bestimmung des erkenntnistheoretischen Status wissenschaftlicher Aussagen über die soziale und kommunikative Wirklichkeit relevant ist. Denn: Wenn menschliches Kommunizieren und Verstehen letztlich immer an die biographisch perspektivisch einzigartige Situation des Menschen gebunden bleibt, dann ist streng genommen auch eine Objektivität wissenschaflicher Verstehensprozesse ausgeschlossen. Auch das methodisch kontrollierte Verstehen des kulturvertrauten wissenschaftlichen Interpreten bietet keine letzte Gewähr dafür, dass die soziale Wirklichkeit, das Ähnlichkeitswissen und die es konstituierenden subjektiven Perspektiven, von einer intersubjektiv neutralen Position her beschrieben werden können. Thomas Eberle zufolge liegt dann auch

> „das Hauptproblem bei sozialwissenschaftlichen Messakten in der Bestimmung der Sinneinheit, beispielsweise der Messeinheit eines Handlungszusammenhangs und seiner Relevanzstruktur. Und diese beruht notgedrungen auf einem hermeneutischen Akt in einem konkreten geschichtlichen und kultu-

> rellen Kontext – einem Verstehensakt, dessen formale Struktur die Lebensweltanalyse herausdestilliert." (Eberle 2000: 62)

Das oben für die alltägliche Verständigung reklamierte Lösungsmuster, die Kompensation der Unmöglichkeit von Verstehen über die pragmatisch motivierte, zeichenvermittelte und Verstehen suggerierende Verständigung, muss im Grunde auch für das wissenschaftliche Verstehen übernommen werden. *Auch der Sozialwissenschaftler ist dazu verurteilt, Intersubjektivität als eine nicht hintergehbare Unterstellung sozial orientierter Subjektivität anzunehmen.* Auch er kommt nicht umhin zu glauben, dass seine jeweiligen Intersubjektivitätskonstruktionen geteilt werden. Weiß er als Folge methodologischer Reflexionen um die Selbstbezogenheit und die perspektivische Gebundenheit der eignen Typisierungsschemata, dann bleibt ihm zunächst nichts anderes übrig, als diese Schemata quasi-naiv so einzusetzen, als handele es sich bei ihnen um weitgehend intersubjektiv geteilte Erfahrungstypen.

Das Wissen darum, dass idealisierend Intersubjektivitätsunterstellungen vorgenommen werden müssen, lässt es dann wenig sinnvoll erscheinen, am Forschungsziel 'Objektivität' festzuhalten. Denn es kann – frei nach Brecht – nur darum gehen, den nächsten integrationsfähigeren Irrtum vorzubereiten (Brecht 1980: 13). Die nicht hintergehbare Standortgebundenheit unseres Wissens legt von daher eher nahe, Forschungsergebnisse in den wissenschaftlichen Diskurs als Angebote einzubringen, so dass die scientific community kontrollierend reagieren kann. Diese Reaktionen können dann Anlass für das Subjekt sein, die eingebrachten Ergebnisse zu überarbeiten, damit die Intersubjektivitätsunterstellungen bis auf weiteres als begründet betrachtet werden und von daher orientierende Wirkung haben können.

> „Was wir als wissenschaftliche Subjekte an Wissen erarbeiten, sichern wir nicht ab durch Objektivität, sondern durch die im fortschreitenden wissenschaftlichen Diskurs konstituierte Intersubjektivität. Die Intersubjektivität des Diskurses ist das eigentliche Ziel von Wissenschaft und als Kontrollinstanz für und von Wissen allemal wichtiger als die vorübergehende Ob-

> jektivität der Resultate, von denen nach eingehender Überprüfung zumeist das übrigbleibt, was sie als Texte sind: die Objekthaftigkeit statt der Objektivität." (Soeffner 1989a: 95f)

Das Ziel wissenschaftlichen Erkennens kann also nicht im strengen Objektivitätsnachweis bestehen, sondern es geht vielmehr darum, im Rahmen der scientific community *den Prozess der 'intersubjektiven Spiegelung' in Gang zu halten, um so am zur Kenntnis genommenen methodisch kontrollierten Realitätswiderstand die orientierende Kraft der Intersubjektivitätskonstruktionen immer wieder neu auf die Probe zu stellen und sie gegebenenfalls einer Überarbeitung zuzuführen.* Es geht um die „Verallgemeinerung der Verallgemeinerung" (Soeffner). Es geht darum, über den in Gang zu haltenden intersubjektiven Spiegelungsprozess ein relativ stabiles und, so weit es geht, methodisch kontrolliertes Ähnlichkeitswissen zu etablieren (vgl. auch Reichertz 1997). Denn: Wenn das Subjekt mit seinen Intersubjektivitätsunterstellungen auch die eigene Herkunft nicht abschütteln kann, so kann es mit einem über intersubjektive Spiegelungen immer wieder neu in Szene gesetzten Zwang zum perspektivgebundenen Perspektivenwechsel doch eine *"Herkunftsdistanzierung"* simulieren, Ähnlichkeitswissen konstruieren und damit eine halbwegs stabile und kontrollierte analytische Orientierung aufbauen.

3.2. Das Fremde als Forschungsgegenstand einer hermeneutischen Wissenssoziologie: zur Begründung einer „heuristischen Methodologie"

Die angesprochene Nichthintergehbarkeit der Erfahrungsungleichheit betrifft nicht nur den intra- und interkulturellen Alltag, sie betrifft auch die wissenschaftliche Rekonstruktion dieses Alltags, und dies hat Folgen für die Bestimmung des erkenntnistheoretischen Status von wissenschaftlichem Verstehen: Nimmt man sie, die Nichthintergehbarkeit der Erfahrungsungleichheit, auch auf dieser Ebene ernst, dann ist trotz einer methodisch kontrollierten Erfahrungsbildung Objektivität bzw. intersubjektive Gültigkeit im strengen Sinne nicht zu haben. Beim ‚intrakulturellen Forschen' wird dieses Problem im Normalfall kaschiert. Das Problem der Perspektivität wissenschaftlicher Erkenntnis wird hier vor dem Hintergrund der Vertrautheit des Interpreten mit dem kulturspezifischen Ähnlichkeitswissen zwar nicht behoben, aber aufgefangen. Darauf wurde oben schon verwiesen. Dieser Lösungsansatz versagt aber, wenn Interaktanten einem dem Interpreten nicht vertrauten Kulturkreis angehören, die Perspektiven somit nicht anschlussfähig sind (siehe Kap. 2.3.). D.h.: *Da eigentlich nur das praktische Wissen um den spezifischen Zusammenhang von Sprache und Lebenspraxis ein Erfassen der fremden Lebenswelt ermöglicht, muss geklärt werden, mit welchem Verfahren ein Interpret die bedeutungsstiftende, ihm aber fremde Pragmatik einer ihm fremden Perspektive am Einzelfall rekonstruieren kann.*

3.2.1. Die Aufgabe einer wissenschaftlichen Auslegung des Fremden

Bei allen Gemeinsamkeiten der Problematik interkulturellen Verstehens im Alltag und des wissenschaftlichen Verstehens des Fremden bestehen doch typische Unterschiede. Im interkulturellen Alltag geht es den Interaktanten stets darum, sich in Bezug auf ein pragmatisches Ziel zu verständigen. Es geht um einen praktischen Konsens zum Zwecke einer gelingenden Handlungskoorientierung, und die Interaktanten werden von daher die Angleichung der Deutungsrahmen im intersubjektiven Spiegelungsprozess nur so weit vorantreiben, wie es zur Umsetzung der gemeinsamen Ziele erforderlich ist (vgl. Kap. 2.3.). Die Zielsetzung wissenschaftlichen Verstehens ist dementgegen *nicht alltagspraktisch ausgerichtet.* Verstehensgegenstand ist vielmehr von vornherein und in erster Linie der fremdkulturelle Deutungs- und Relevanzrahmen selbst. Dabei geht es dem Wissenschaftler aber nicht –

wie etwa dem Immigranten, der bleiben will – darum, seine Orientierung auf die zu verstehende fremde Kultur hin umzustellen. Sein Ziel ist es vielmehr, die *fremdkulturelle Perspektive zu rekonstruieren* und sie angemessen in die Perspektive der eigenen Kultur *zu übersetzen*, um sie so den Mitgliedern seiner Kultur verständlich zu machen. Das heißt: Die Aktivitäten des Wissenschaftlers sind auf die verstehende Aneignung und auf die angemessene Übersetzung der kulturfremden Perspektive angelegt, und damit ist sein Zugriff auf die fremde Perspektive sowohl durchgreifender als auch distanzierter als der des alltagspraktisch orientierten Immigranten (Stagl 1980: 3). Für diese (für die Hermeneutik des Fremden konstitutive) Doppelaufgabe bleibt allein die Frage, ob und auf welche Weise der Sozialforscher eine für die Interpretation fremdkultureller Daten hinreichende Interpretationskompetenz zu erlangen vermag – zumal der Forscher von vornherein nicht bereit ist, seine Herkunftsperspektive aufzugeben (Dammann 1991: 110ff). Und in diesem Zusammenhang fragt sich dann auch – ein Gelingen der Annäherung vorausgesetzt –, ob eine Übersetzung der rekonstruierten fremden Perspektive in die Herkunftsperspektive des Forschers überhaupt vorstellbar ist.
Von der Erörterung dieser beiden Problemkreise ist seit Mitte der 1970er Jahre der Diskurs der Disziplin geprägt, die sich konstitutiv mit dem Verstehen des Fremden beschäftigt: die ethnographische Ethnologie. „*Writing Culture*“ heißt der Titel der Kritik an der etablierten Ethnologie, mit der der Objektivitätsanspruch eines (ethnologischen) Verstehens des Fremden radikal in Zweifel gezogen wird.

3.2.1.1. (Re-)Konstruktive Übersetzung und wechselseitige Perspektivität: Der ethnologisch-ethnographische Diskurs

Die Entwicklung einer methodisch geleiteten empirischen Ethnographie ist auf das engste mit dem Namen Bronislaw Malinowski verbunden. In Abgrenzung zur bis dahin stärker anthropologisch und evolutionstheoretisch orientierten Ethnologie (E. Tyler; J. Frazer), die sich in der Regel auf Reiseberichte und Berichte von Missionaren stützte, sah Malinowski die Aufgabe der Ethnographie in einer Rekonstruktion der *Alltagsaktivitäten* von Menschen fremder Kulturen, der diese Aktivitäten formenden *Regeln des Zusammenlebens* und ihrer grundlegenden *kulturellen Orientierungsmuster*. Sein Ziel war es, „ein vollständiges und adäquates Bild der Eingeborenenkultur zu geben" (Malinowski 1979a: 46) und „den Standpunkt des Eingeborenen, seinen Bezug zum Leben zu verstehen und sich seine Sicht seiner Welt vor Augen zu führen" (ders.: 49). Dieses Ziel kann, so Malinowski, nur erreicht werden, wenn sich der Ethnologe voll und ganz auf die von ihm zu untersuchende Ethnie einlässt. D.h.: Er muss bereit sein, für eine gewisse Zeit den Kontakt zur eigenen Bezugskultur abzubrechen und in die ihm fremde Kultur einzutauchen und an deren Leben teilzunehmen. Während dieses Aufenthaltes muss er zum einen eine Mitspielkompetenz erwerben und zum anderen die Daten erheben, in deren kompetenter Auswertung er (später) die gemeinschaftsstiftenden Orientierungsmuster rekonstruieren und belegen kann. Im Zentrum stehen dabei die teilnehmenden Beobachtungen. Im Kern ging es Malinowski um eine Ethnographie, in der der Ethnograph gezwungen ist, sich mit seiner ganzen Persönlichkeit auf die ihm fremde Gemeinschaft einzulassen, um dann seine Erfahrungen systematisch und methodisch kontrolliert zu objektivieren und auszuwerten. Malinowski sah den Weg einer wissenschaftlichen Rekonstruktion des Fremden in einer *systematischen und methodisch kontrollierten Objektivierung der am eigenen Leibe erfahrenen, erlernten und zum Teil gelebten kulturspezifischen Sicht der Fremden* (Malinowski 1979a: 23-49, inbes. 48f).

Bei allem Bemühen um eine methodisch kontrollierte Aufarbeitung der persönlichen Erfahrungen des Feldforschers bleibt letztlich unklar, wie aus der kontingent persönlichen und zwangsläufig fragmentarischen Erfahrung einer fremden Kultur ein 'vollständiges Bild' dieser Kultur erstellt werden kann. Überdies wird in dem Konzept von Malinowski weder erkenntnis- noch kommunikationstheoretisch geklärt, wie es überhaupt möglich ist, die

Mitglieder einer gänzlich anderen Kultur zu verstehen. Obwohl Malinowski sich durchaus darüber im Klaren war, dass die von ihm erhobenen Daten sich auf eine bereits vorausgelegte, ihm kulturfremde soziale Wirklichkeit beziehen (Malinowski 1973: 226; 1979a: 116) und dass das Herangehen des Feldforschers an diese vorausgelegte fremde Wirklichkeit selbst nicht hintergehbar von herkunftsbedingten Vorauslegungen getragen ist (Malinowski 1979b: 312), hat dies keine Überarbeitung seines Gegenstandsverständnisses zur Folge. Malinowski unterläuft diese Erfordernis in der angedeuteten Weise forschungspraktisch: Er verordnet dem Sozialforscher eine 'zweite Sozialisation', so dass der quasi naturwüchsig die zu rekonstruierende kulturelle Binnenperspektive beschreiben können soll. Damit fällt Malinowski hinter seine sporadischen Einsichten in die Perspektivität des Forschungsprozesses zurück und bleibt erkenntnis- und kommunikationstheoretisch naiv.

Diese hermeneutisch naive Haltung der klassischen Ethnographie scheint mit dem maßgeblich von Clifford Geertz getragenen 'interpretive turn" überwunden. Mit der Hinwendung zur Hermeneutik ist explizit die Frage aufgeworfen, auf welcher Basis das Verstehen fremder Kulturen möglich ist.

Geertz vertritt einen semiotischen Kulturbegriff. Im Anschluss an Max Weber geht er davon aus, „daß der Mensch ein Wesen ist, das in selbstgesponnene Bedeutungsgewebe verstrickt ist, wobei ich Kultur als dieses Gewebe ansehe." (Geertz 1987a: 9) Dieses kulturelle Gewebe muss sich der Ethnograph interpretierend aneignen. Ihm geht es darum, die über dieses Gewebe repräsentierten, kulturspezifisch festgelegten und handlungsorientierenden Bedeutungen zu erfassen. Zum Ausdruck kommen die Bedeutungen in den beobachtbaren, intersubjektiv etablierten Darstellungen des alltäglichen Lebens. *Verstehen der fremden Kultur heißt somit: interpretative Ausdeutung der kulturspezifischen Ausdrucksformen.*

Geertz betrachtet die kulturspezifischen Ausdrucksformen als Texte. Diese Texte sollen sich historisch aus den je spezifischen Handlungszusammenhängen als Institutionen, als ritualisierte Ablauftypen abgelagert und gegenüber den subjektiven Intentionen der Produzenten verselbständigt haben. Die so geronnenen Handlungsformen haben ein eigenes Bedeutungskontinuum entwickelt, auf das die Handlungssubjekte zum Zwecke ihrer Orientierung zurückgreifen können – wie der Schauspieler auf sein Skript. Der *Textstatus kultureller Ausdrucksgestalten* macht es nach Geertz dann auch kulturell Außenstehenden möglich, sich das Bedeutungsgefüge der ihnen fremden Kultur anzueignen (exemplarisch die Analyse des balinesischen Hahnenkampfes: Geertz 1987b). Es gehe nicht um ein einfühlendes Verstehen der Intentionen des Fremden, sondern um die verstehende Rekonstruktion zeichenhaft repräsentierter, objektiver Sinnzusammenhänge. In diesem Sinne hält Geertz dann auch an dem von Malinowski aufgestellten Postulat, „die Dinge aus der Perspektive des Eingeborenen zu betrachten" (Geertz 1987c: 290), fest. Dabei geht es ihm aber nicht um die Rekonstruktion der subjektiven, sondern allein – mit Bourdieu gesprochen (1976: 179) – um die der *„objektiven Intentionen"*, wie sie jeweils im kulturellen Text als handlungsleitend festgeschrieben sind.

Lässt man sich nicht von dem subjekttheoretischen Anstrich und von dem hermeneutischen Anspruch blenden, dann wird der 'abgehobene' *Strukturalismus* und die *erkenntnistheoretisch naiv* bleibende Grundhaltung des Geertzschen Konzepts deutlich. Geertz klärt nicht, wie die von ihm ins Visier genommenen objektiven Bedeutungsgewebe und formalisierten Handlungsmuster von den Subjekten 'selbstgesponnen' wurden und wie sie sich in deren aneignenden Auslegung alltäglich erhalten. Die Trägerschaft und die Vorinterpretiertheit seines Forschungsgegenstandes bleiben unthematisiert, so als führten die Bedeutungsgewebe ein Eigenleben, aus dem heraus sie die Subjekte mehr oder weniger zwingend leiteten. Bedeutender ist hier allerdings, dass Geertz überdies keine Rechenschaft darüber abgibt, wie es dem Ethnographen möglich ist, die Kulturtexte „über die Schultern derjenigen, für die sie eigentlich gedacht sind, zu lesen" (Geertz 1987b: 259). Der von Geertz in Anlehnung an Heinz Kohut entworfene hermeneutische Zirkel aus „erfahrungsnahen" und „erfahrungsfernen Begriffen" (1987c: 292ff) suggeriert die Möglichkeit, sich die

fremde Perspektive über die Integration von institutionalisierten Ausdrucksfragmenten in die forschereigene Perspektive gegenstandsadäquat anzueignen. Es komme – so Geertz – „auf die Fähigkeit an, ihre Ausdrucksformen – das, was ich ihre Symbolsysteme nennen würde – richtig zu deuten" (1987c: 308f). Damit wird das Problem der prinzipiellen Nichtüberführbarkeit kulturell unterschiedlicher Bedeutungsgewebe, das Problem der Dialogizität der Feldforschung und das daraus für die Ethnographie resultierende Rekonstruktionsdilemma *schlichtweg ignoriert*. So liefert das semiotische Kulturverständnis von Geertz für eine Hermeneutik des Fremden keinen direkt erkennbaren Gewinn.
So unbefriedigend die hermeneutische Wende im Konzept von Geertz auch ausfällt – die Konzentration auf die Zeichenhaftigkeit des menschlichen Handelns sensibilisierte den ethnographischen Diskurs für die Perspektivität und Kulturgebundenheit ethnographischer Verstehensleistungen. Diese Sensibilisierung trug zunächst in Bezug auf die Problematisierung des Schreibens der ethnographischen Berichte – noch unter Mitwirkung von Geertz selbst (Geertz 1990) – Früchte. Mehr und mehr rückte die Abhängigkeit der ethnographischen Repräsentation von den kulturspezifischen Darstellungsformen, denen die ethnographischen Autoren verpflichtet sind, in den Blick.

> „Die typische ethnographische 'Beschreibung' läuft darauf hinaus, die Kultur der Anderen 'abzuschreiben'; der Ethnograph 'spricht für' sie, repräsentiert sie – für seine eigenen Zwecke – im scheinbar universalisierten Diskurs der Anthropologie." (Tyler 1993: 288)

Der ethnographische Bericht stellte sich so als eine „rekonstruktive Gattung" (Luckmann 1988) dar, mit der der Blick auf die darzustellende fremde Ethnie per se *verstellt ist*. Im Verlaufe dieser selbstreflexiven Diskurse wurde dann mehr und mehr das Problem der kulturspezifischen Überformung der Rekonstruktion fremder Kulturen über die Thematisierung der Darstellungsebene hinaus ausgebaut. In den Blick geriet die *dialogische Erhebungssituation* selbst. Der Bruch in der Rekonstruktion erfolgt, so die weitergehende Einsicht, nicht erst bei der Umformung der Erfahrungen des Feldforschers in ein Stück reproduktiver Literatur. Er besteht vielmehr schon in der Begegnung des Feldforschers mit dem Fremden, in der Begegnung zweier inkompatibler und nicht ineinander überführbarer Relevanz- und Deutungsrahmen. Der rekonstruktive Charakter der Datenerhebung und -auswertung selbst wurde jetzt einer kritischen Betrachtung unterzogen. Der Forschungsgegenstand entpuppte sich so als ein im Dialog mit Vertretern einer fremden Ethnie gewonnenes Konstrukt des Forschungsprozesses selbst (Tedlock 1993: 275ff). Insgesamt rückte das Problem der kulturspezifischen Perspektivität ethnographischer Rekonstruktionen und Übersetzungen als totales Phänomen in den Mittelpunkt der Diskussion.[21]

Insgesamt ist die Writing-Culture-Debatte bislang recht heterogen verlaufen. Das liegt zum einen daran, dass sich erkenntnistheoretisch methodologische Aspekte mit moralisch politischen Aspekten mischen. Die Autoren bringen immer wieder ihre Skrupel zum Ausdruck, die Menschen, mit denen sie eine Zeit lang im Dialog und in Beziehung gestanden haben, über die Objektivierung in ihnen fremden Darstellungsformen zu verraten. Andere sehen in den ethnographischen Repräsentationen schlicht subtile Formen des Kolonialismus: „Der Schritt vom Mündlichen zum Schriftlichen in der 'Beschreibung' ist sowohl Re-Präsentation als auch Re-Pression." (Tyler 1993: 288f) Diese Skrupel und Selbstbezichtigungen gehen einher mit der verbleibenden Irritation darüber, in Anbetracht der eigenen Perspektivität keinen authentischen Zugang zu der fremden Kultur gewinnen zu können. Folge sind verzweifelt anmutende Versuche, doch noch politisch korrekte und quasi-authentische Repräsentationsformen zu entwickeln, indem man beispielsweise in den Bericht lange Dialogpassagen zwischen Feldforscher und Fremden aufnimmt (Dwyer 1977, 1979; Tedlock 1985, 1993; zusammenfassend Wolff 1987:

[21] Die mit 'Writing Culture' etikettierte Debatte um die Perspektivität der ethnographischen Repräsentation kann hier nur angedeutet werden. Einen Überblick über die Diskussion verschaffen drei repräsentaive Aufsatzsammlungen: Clifford/Marcus 1986, Sanjek 1991 und Berg/Fuchs 1993.

345-351) oder „mit der ‘poietischen’ Methode unvertrautes Material (so aufarbeitet, dass das Ursprüngliche; N.S.) von innen wiedererschaffen (wird; N.S.)“ (Turner 1995: 147). Die Alternative ist der völlige Verzicht auf eine Repräsentation des Fremden. Ethnographie mutiert dann zu einer spezifischen Literaturgattung, die dem Leser denkbare kulturelle Alternativen eröffnet und die deshalb in der Ethnographie ‘nur noch’ einen „Dialog als Evokation“ (Tyler 1993: 294ff; 1991) erblickt.

Alle Lösungsversuche, so unterschiedlich sie auch ausfallen, verweisen auf einen gemeinsamen Ausgangspunkt. Sie halten trotz ihres Wissens um die nicht hintergehbare Perspektivität ethnographischen Forschens unter der Hand an dem Anspruch Malinowskis fest, ein „adäquates Bild der Eingeborenenkultur“ rekonstruieren und darstellen zu wollen. Während die einen verzweifelt versuchen, doch noch die Lücke zu finden, ziehen sich die anderen entmutigt zurück. Sinnvoller scheint es hingegen – wie schon bei der grundlagentheoretischen Debatte um die Bedingungen der Möglichkeit von Kommunikation –, *mit der nicht einholbaren Perspektivität bei der Rekonstruktion des Fremden offensiv umzugehen. Und dann stellt sich grundlagentheoretisch die Frage, was Menschen überhaupt veranstalten, wenn sie sich eine ihnen fremde Kultur vertraut machen, und über welche Verfahren die an ihre Perspektivität gebundenen Menschen verfügen, sich mit fremden Kulturen rekonstruktiv auseinanderzusetzen und sie sich methodisch kontrolliert anzueignen.*

3.2.1.2. Die Perspektivität des Rekonstruktionsprozesses: Forschung als dialogisch konstituierte Anverwandlung

Menschen und eben auch Sozialforscher, die sich darum bemühen, eine ihnen fremde Kultur zu verstehen, lassen sich zunächst unweigerlich auf einen Dialog ein. Dies wurde bereits in der Writing-Culture-Debatte hervorgehoben. Mit dem Verweis auf den Dialogcharakter ist auf die *verschachtelte Perspektivik der Forschungssituation* aufmerksam gemacht:

– Der Sozialforscher hat keine andere Möglichkeit, als sich mit einem biographisch aufgebauten und kulturspezifisch überformten *Vorverständnis* der ihm fremden Kultur zu nähern.
– Die ihm fremde Kultur präsentiert sich ihm – aus welchen Zusammenhängen auch immer – stets spezifisch, fragmentarisch und vor allem *reaktiv*.

Das heißt aber nichts anderes, als dass der Forschungsgegenstand selbst von vornherein und nicht hintergehbar dialogisch konstituiert ist:

> „Wissenschaftliche Forschung im hier verstandenen Sinne läßt sich beschreiben als eine dialogische Praxis von Akteuren (Forscher und Gegenstand), die ihr gemeinsames Handlungsfeld gemeinsam gestalten und diese Praxis, d.h. die gesamte Forschungssituation, dadurch permanent beeinflussen bzw. verändern. Darin liegt nicht nur begründet, daß der Forscher selber Teil seiner Methoden wie seines Gegenstandes ist; der gesamte Forschungsprozeß erweist sich nunmehr als ein konstruktiver Vorgang: sowohl der Gegenstand als auch die Ergebnisse werden intersubjektiv konstituiert." (Dammann 1991: 299)

Der *konstruktivistische Grundzug* gilt für alle Formen empirischer Sozialforschung und insbesondere für jede Feldforschung. Er tritt in der Ethnographie nur besonders deutlich hervor, weil der Sozialforscher in der Erforschung fremder Kulturen über weit weniger Interpretationskompetenz verfügt als bei der Durchführung einheimischer Ethnographien. Der Ethnograph ist bei der Herausarbeitung des kulturspezifischen Deutungsrahmens in besonderer Weise orientierungslos, und er verfügt lediglich über höchst eingeschränkte Möglichkeiten, die konkreten, zwangsläufig fragmentarischen und reaktiven Erhebungssituationen eigenständig in Bezug zu einem allgemeinen Rahmen zu setzen und so auch in gewisser Weise zu kontrollieren. Seine völlig unangepasste Vororientierung macht ihn so irrtumsanfällig und sensibilisiert ihn in besonderer Weise für die konstitutive Bedeutung des stets spezifisch reagierenden Feldes. Mit der Einsicht in die *dialogische Konstitution des Forschungsgegenstandes* ist das oben entfaltete Argument von der Perspektivität wissenschaftlicher Erkenntnisse (Kap. 3.1.1.) auf die Spitze getrieben. Nicht genug damit, dass sich die Forscherperspektive wie eine „Wischblende“ (Bergmann) über den zu rekonstruierenden Gegenstand legt; der Forschungsgegenstand hält überdies nicht einmal still bei dem Versuch des Sozialforschers, ihn zu porträtieren (Clifford). Der Sozialforscher muss demnach seine letzte Hoffnung auf einen Fixpunkt für die Rekonstruktion der von ihm ins Visier genommenen sozialen Wirklichkeit begraben. Ähnlich wie die alltäglich situative Konstitution der Gegenstände (v.a. in interkulturellen Verständigungsprozessen) kontingent verläuft, so konstituiert sich auch der Forschungsgegenstand des Sozialforschers nicht streng vorhersehbar aus dem Dialog mit dem Feld.

Der Verlust an Objektivität mag schmerzen, er kann aber eine hermeneutisch und kommunikationstheoretisch informierte Sozialforschung nicht sonderlich überraschen. Schließlich zählt das Wissen um die Dialogizität jeden Verstehens zu den grundlegenden Einsichten der hermeneutischen Erkenntnistheorie (Coreth 1969, Gadamer 1975, Marquard 1981, vgl. auch Kap. 2.2.).

Wenn sich der Forschungsgegenstand der Sozialforschung aber nicht hintergehbar im Dialog des Forschers mit dem Feld konstituiert, dann macht es auch keinen Sinn, diesen Dialog unterlaufen zu wollen. Der Sozialforscher sollte vielmehr den Dialog suchen, um das eigene Vorverständnis auf die Probe zu stellen, um sich die Chance zu einer Ausdifferenzierung des mitgebrachten Vorverständnishorizontes zu eröffnen.

> „Das Vorverständnis ist (...) seinem Wesen nach ‘offen’, muß daher offengehalten werden für ein Verstehen auch dessen, was vom bisherigen Vorverständnis nicht vorgezeichnet ist, von ihm her nicht erwartet oder vorausberechnet werden kann, was sich in mein bisheriges Vorverständnis nicht zwanglos einfügt, sondern dieses sprengt und dadurch erweitert, neue Horizonte eröffnet. Sicher sehen wir auch schlechthin Neues, das uns gesagt wird oder unverhofft und unerwartet

> uns trifft, zunächst aus dem Blickfeld unseres Vorverständnisses; wir suchen es von daher zu verstehen. Doch gerade wenn dieses Verstehen scheitert und an Grenzen stößt, wird es aufgesprengt, weitet sich der Horizont und öffnet sich die Möglichkeit verstehender Aneignung neuer Sinngehalte und Sinnbezüge, die unser bisheriges Vorverständnis vielleicht auch widerlegen und berichtigen.“ (Coreth 1969: 101f)

Will der Sozialforscher seine professionell bedingte Neugier befriedigen, dann bleibt ihm nichts anderes übrig, als den Dialog zu suchen und sein Vorverständnis zur Disposition zu stellen. Auch wenn das Vorverständnis nie in Gänze zur Disposition gestellt werden kann, so ist die Bereitschaft zum Dialog doch die Möglichkeit, in der Modifikation des Vorverständnisses die eigene Perspektive zu distanzieren. „Diese Art der Interpretation, die die Unmöglichkeit der Herkunftsvernichtung durch die Möglichkeit der Herkunftsdistanzierung kompensiert“ (Marquard 1981: 124), bezeichnet Marquard als „distanzierende Hermeneutik“.
Implizit wurde mit der Begründung der Dialogorientierung bereits das zweite methodologisch methodische Forschungsprinzip einer hermeneutischen Wissensoziologie beschrieben: die *Reflexion*. Dem Sozialforscher geht es nicht einfach darum, im Dialog sein Vorverständnis zu erweitern. Ihm liegt daran, sein Vorverständnis *methodisch kontrolliert* zu erweitern. D.h.: Der Sozialforscher ist gehalten, seinen Dialog mit dem Feld ‘immer wieder’ neu zu distanzieren, um sich Rechenschaft darüber abzulegen, in welcher Dialogsituation er sich befindet, ob die gewählten Verfahren angemessen waren, welche Verfahren in der Folge zum Einsatz kommen sollten etc. Die methodisch kontrollierte Ausdifferenzierung des Vorverständnisses entpuppt sich so als eine eigentümliche Bewegung: Der Sozialforscher lässt sich auf seinen Gegenstand ein, indem er sich ihm fortwährend entfremdet. Diese in sich gebrochene Bewegung des gleichzeitigen sich Einlassens und Abgrenzens ist die Voraussetzung für ein verstehendes Erkennen:

> „Was in der Vertrautheit unausdrücklich und wie von selbst sich abspielt, wird in der Entfremdung ausdrücklich und strebt

zu künstlich-methodischer Gestaltung. Das Verstehen wird verstehendes Erkennen, der Ausdruck wird objektiviert, der Schock des Erlebnisses entbindet den Blick: wir sehen mit anderen Augen." (Plessner 1979:243)

Nur dadurch, dass der Forscher sich von dem Dialog, auf den er sich einzulassen hat, immer wieder reflektierend abwendet, eröffnet er sich die Chance, den Forschungsgang zu kontrollieren, die Resultate seiner Bemühungen anderen gegenüber zu begründen und sie über die scientific community kontrollieren zu lassen.
Der sozialwissenschaftliche Forschungsprozess ist also *nicht hintergehbar dialogisch konstituiert* und der Sozialforscher tut gut daran, diesen Sachverhalt offensiv zu berücksichtigen. *Es kann demnach nicht darum gehen, die Dialogstruktur im Forschungsprozess einzugrenzen, sondern den Dialog zu suchen und während des Dialogs immer wieder zu überdenken, in welcher Dialogsituation man sich aktuell befindet, welchen Einfluss die gewählten Vorgehensweisen auf die aktuelle Situation gehabt haben dürften und welche Verfahren in der Folge einzusetzen sind, um eine bestimmte Neugier zu befriedigen.* In diesem Sinne ist eine hermeneutische Wissenssoziologie stets *dialogisch* und *reflexiv* angelegt, und sie 'begnügt' sich damit, in den wissenschaftlichen Diskurs heuristisches Wissen einzuspeisen. Sie ist – um mit Rüdiger Dammann zu sprechen – eine *„heuristische Methodologie"*:

„Der Forschungsprozeß wird als ein kontinuierlicher Dialog zwischen dem Forscher und seinem 'Gegenstand' organisiert, ein Dialog, dessen Verlauf und Resultate darüber hinaus stets wieder in Distanz gebracht, d.h. (selbst-)kritisch reflektiert werden müssen, um alle Veränderungen im Forschungsgeschehen, um den dynamischen Charakter der Forschungssituation und den potentiell verzerrenden Einfluß theoretischer Vormeinungen, sozialer Vorurteile und individueller Reaktionsbildungen registrieren und in ihrer Bedeutung auf das Ergebnis der Forschung berücksichtigen zu können." (Dammann 1992: 34)

Dieser Sachverhalt erschließt sich in dieser Klarheit am ehesten in der Auseinandersetzung um eine Hermeneutik des Fremden. Die

Frage, welches *Ziel* nun der Sozialforscher im Dialog mit dem Fremden verfolgt, ist aber mit der Beschreibung der Prinzipien einer „heuristischen Methodologie" noch nicht hinreichend beantwortet. Oben wurde bereits festgestellt, dass es dem Sozialforscher nicht wie vielleicht dem Immigranten darum geht, in der ihm fremden Kultur aufzugehen, sich zu assimilieren. Für ihn ist der Dialog mit dem Fremden lediglich ein Mittel, um sich mit der fremden Kultur vertraut zu machen und sie für die Mitglieder seiner Herkunftskultur zu übersetzen. Allerdings: Der Versuch einer Übersetzung im strenge Sinne dürfte von vornherein zum Scheitern verurteilt sein. Der Sozialforscher verfügt im Dialog stehend über keine Warte, von der aus ihm eine neutrale Inbezugsetzung der kulturfremden mit der eigenen Herkunftsperpektive möglich wäre. Überdies lassen sich verschiedene kulturspezifische Perspektiven kaum reibungslos ineinander überführen. Sie lassen sich 'bestenfalls' „harmonisieren", wie Benjamin es ausdrückt:

> „Dagegen kann, ja muß dem Sinn gegenüber ihre Sprache sich gehen lassen, um nicht dessen intentio als Wiedergabe, sondern als Harmonie, als Ergänzung zur Sprache, in der diese sich mitteilt, ihre eigene Art der intentio ertönen zu lassen." (Benjamin 1977: 59)

Wenn der Sozialforscher aber an einer 'authentischen' Übersetzung des Fremden scheitern muss, dann stellt sich die Frage, nach welchen 'Regeln' der Harmonisierungsdialog mit dem Fremden überhaupt verläuft. Davon ausgehend, dass das ethnologische Verstehen lediglich ein Spezialfall des Fremdverstehens im allgemeinen ist, beantwortet Rüdiger Bubner diese Frage mit den Argumenten der allgemeinen Hermeneutik:

> „Die ethnologische Forschung wendet sich nach außen in eine unbekannte Welt, um sie in eine Beziehung nach innen zur vertrauten Welt zu versetzen. Anders kann das Fremde gar nicht zugänglich sein, als indem es die ursprüngliche Fremdheit verliert und sich in Ähnlichkeiten auflöst, die ein Wiedererkennen erlauben. Der Forscher stellt Relationen her, die das

ihm Begegnende weniger rätselhaft und unerklärlich erscheinen lassen. Er vergleicht eigentümliche Verhaltensweisen mit solchen, die er und alle Angehörigen seiner Kultur selber üben, er analogisiert normative Regelmäßigkeit mit bekannten Institutionen, er übersetzt eine Lebensform in eine andere.“ (Bubner 1980: 190)

Übersetzen heißt also anverwandeln! Und dem Sozialforscher fällt die Aufgabe zu, aus dem Dialog mit dem Fremden heraus und vor dem Hintergrund seines kulturspezifisch überformten Vorverständnisses – Dialog und Vorverständnis reflektierend – harmonisierende Hypothesen über den Relevanz- und Deutungsrahmen der fremden Kultur zu entwerfen und sie auf diese Weise bis auf weiteres zu verstehen.

> „Wir vermitteln zwischen ihren Denkgewohnheiten, die wir uns zusammen mit ihnen angeeignet haben, und denen unserer eigenen Gesellschaft; und indem wir das tun, erkunden wir letztlich nicht irgendwelche mysteriöse ‘primintive Philosophie’, sondern weitere Möglichkeiten unseres Denkens und unserer Sprache.“ (Lienhardt 1954, zitiert nach Asad 1993: 324f; vgl. auch Deloch 1997: 146ff)

Der Sozialforscher bleibt so seinem Vorverständnis verhaftet und setzt es gleichzeitig begrenzt aufs Spiel: Er differenziert sein Vorverständnis in einer sich anpassenden Hinwendung aus und eignet sich das Fremde so an. Sein übersetzendes Anverwandeln ist ein „Vorstoß über die Grenzen des eigenen Sprachgebrauchs hinaus, (...) (ein; N.S.) Einreißen und Neugestalten der eigenen Sprache“ (Asad 1993: 323).[22]

[22] Ähnlich plädiert auch Strobl für einen „dialogischen Verstehensbegriff“ (1995: 177): „Diese Zwischensphäre ist der Bereich, in dem sich die Erfahrungswelten von Sprecher und Hörer verflechten, in dem die Erfahrung des Fremden an die eigene Erfahrung angebunden wird, ohne daß die Kluft je überwunden werden könnte.“ (1995: 177f) Diese resümierende Formulierung offenbart aber auch die Ambivalenz der Stroblschen Position: Wenn ich die Erfahrung des Fremden an die eigene Erfahrung anbinde, habe ich die Kluft bereits überwunden. Der ‘Pfiff’ an einem dialogischen Verstehensbegriff ist aber doch, daß ich mir aus dem

Die Ausdifferenzierungsbemühungen des Sozialforschers stellen so den *wissenschaftlich (re)konstruktiven Spezialfall interkultureller Verständigung* dar. In der Auseinandersetzung mit dem Fremden differenziert er, der Sozialforscher, seine Perspektive so aus, dass auf seiner Seite reflektiert ein Ähnlichkeitsbereich entsteht, in Bezug auf den das Fremde vertraut wird, ohne dass der Relevanz- und Deutungsrahmen seiner Herkunftsperspektive im ganzen verändert worden wäre. Der Sozialforscher kultiviert so *eine Variante alltagsweltlich interkultureller Verständigung*. Seine Übersetzungstätigkeit ist in alltagsweltlichen Verständigungsprozessen fundiert (vgl. Kap. 2.3.). *Er, der Sozialforscher, erkennt die fremde Kultur in ihren Eigenarten zwar nicht an sich, aber für sich und macht (a) sich und die Rezipienten seines Forschungsberichts so mit ihr vertraut und ermöglicht (b) der scientific community eine Kritik seiner Aneignung* – womit der intersubjektive Spiegelungsprozess und damit die Verallgemeinerung des Verallgemeinerten in Gang gehalten wird.

Dialog mit dem Fremden heraus zwar kein Bild von dem Fremden an sich, aber doch ein orientierendes Bild von dem Fremden für mich machen kann. Ich binde also keine fremden Erfahrungen an die meine an, sondern ich modifiziere meine Perspektive analogisierend im Rahmen meiner Perspektive. So gesehen rekurriert Stobl auf einen identitätslogischen Bedeutungsbegriff, um ihn dann aber postwendend wieder zu dementieren.

4. Das methodische Konzept: Zur Gestaltung des Forschungsdialoges – ein Verfahrensvorschlag

Das zentrale Problem einer verstehenden Rekonstruktion interkultureller Verständigungsprozesse besteht also in der Regel darin, dass dem wissenschaftlichen Interpreten zumindest eine der relevanten Kommunikationsperspektiven nicht vertraut ist. Er gehört nicht der Sprachgemeinschaft an, die diese Perspektive repräsentiert, so dass er sie nicht oder nur höchst unzureichend aus ihrem inneren Zusammenhang nachvollziehen kann. Er ist nicht in der Lage, die Akteursperspektive einzunehmen. Eine Lösung dieses Interpretationsproblems ist nur kompensatorisch möglich, und sie setzt voraus, dass der Interpret bereit ist, sich auf einen Dialog mit der fremdkulturellen Perspektive einzulassen.

Eine so aus dem Dialog vorgenommene ‚Übersetzung' erfolgt – wie erörtert – stets nach dem Prinzip der Anverwandlung: In der Auseinandersetzung mit der fremdkulturellen Perspektive differenziert der Interpret seine Perspektive so aus, dass auf seiner Seite ein reflektierter Ähnlichkeitsbereich entsteht, von dem her ihm das Fremde vertraut wird, ohne dass er den Relevanz- oder Deutungsrahmen seiner Herkunftsperspektive im ganzen verändert. Der Interpret greift auf eine Variante alltagsweltlicher interkultureller Verständigung zurück, verfeinert sie methodisch und kreiert so den wissenschaftlich rekonstruktiven Spezialfall interkultureller Verständigung: eine den Dialog, aus dem sie hervorgegangen ist, mitreflektierende, analogisierende Übersetzung. Damit stellt sich für die Datenauswertung die Frage nach einer *angemessenen methodischen Gestaltung des Dialogs*. Da eine ‚ethnographische Nachsozialisation' des Forschers in den ihm nicht vertrauten kulturellen Orientierungsrahmen viel zu aufwendig und nicht zumutbar ist, bleibt als eine Möglichkeit, die dialogische Anverwandlung kompensatorisch mit Unterstützung eines Co-Interpreten vorzunehmen. Auf diese Möglichkeit möchte ich in dem nun folgenden letzten Teil meiner Überlegungen zur empirischen Rekonstruktion von Interkultureller Kommunikation noch etwas näher eingehen.

4.1 Zur Aufgabe und zum Anforderungsprofil eines kulturvertrauten Co-Interpreten

Die Aufgabe dieser Co-Interpreten besteht dann darin, dem Sozialforscher die ihm fremde Perspektive so zu übersetzen, dass ihm analogisierende Anverwandlungsprozesse möglich werden, so dass ihm dann irritierende fremdkulturelle Kommunikationssegmente als sinnvoll nachvollziehbar, verstehbar werden. Es geht um die fallspezifische Übersetzung eines kulturspezifischen Deutungsrahmens in einen anderen kulturspezifischen Deutungsrahmen. Die Aufgabe eines Co-Interpreten kann allerdings 'nur' darin bestehen, die Deutungsmuster der einen Kultur an die der anderen analogisierend anzuverwandeln. Von der Ohe bemüht hierfür das Bild des Fährmanns, „der selbstverständlich und wesentlich das 'Transportgut' erst zusammenstellt, bevor er es in die richtigen Kanäle leitet und dafür Sorge trägt, daß Inhalt und Verpackung den Zollbestimmungen des jeweiligen Empfängers zumindest nicht zuwiderlaufen." (1987: 403)

Versteht man die Aufgabe eines Co-Interpreten als die eines *(re)konstruierenden Dolmetschers*, dann lassen sich die Kompetenzen, über die ein dolmetschender Co-Interpret im Rahmen meiner Untersuchung idealerweise verfügen sollte, bestimmen:

a) Einem 'Kulturdolmetscher' müssen die kulturspezifischen Deutungsrahmen, die er übersetzend miteinander in Beziehung setzt, vertraut sein. Diese Vertrautheit darf sich für keine der beiden Seiten bloß theoretisch herstellen. Sie ist im Idealfall vielmehr jeweils Ausdruck eines Involviertseins in den praktischen Lebensvollzug der beiden Bezugsgemeinschaften. Erst ein lebenspraktisch verwurzeltes Wissen um die relevanten Deutungs- und

Orientierungsrahmen ist die Voraussetzung für eine nuancierte Lesartenbildung und Lesartenanverwandlung.

b) Ein Co-Interpret muss fähig sein, die für die Untersuchung relevanten kulturspezifischen Deutungsrahmen in eine angemessene Beziehung zu setzen. D.h.: Er muss in der Lage sein, in der Interpretation am Einzelfall angemessene Analogien von der Quellenkultur hin zur Rezeptorkultur zu konstruieren und zu explizieren. Ihm obliegt es – um mit Walter Benjamin zu sprechen – „diejenigen Intentionen auf die Sprache, in die übersetzt wird, zu finden, von der aus in ihr das Echo des Orginals erweckt wird.“ (Benjamin 1977: 57)

c) Um eine für die Untersuchung geeignete Lesartenbildung zu ermöglichen, müssen die Co-Interpreten über die untersuchungsleitende Fragestellung informiert sein. Nur in Anbetracht eines Wissens um die Untersuchungsausrichtung haben sie eine Chance, die fallspezifisch relevanten Deutungsmuster zu rekonstruieren. Überdies müssen sie bereit sein, sich zumindest rudimentär in die Methodologie und Methodik einzelfallanalytischen Interpretierens einzuarbeiten:

Ihnen muss klar sein, dass es bei einer Einzelfallrekonstruktion um die Ermittlung des sich im Einzelfall zeigenden Typischen geht.

Sie müssen sich daran gewöhnen die Interpretation nach dem Prinzip der sukzessiven Selektivität vorzunehmen. D.h.: Ihre Interpretation muss sich aus einer gewissen Lesartenvielfalt heraus schrittweise auf die Explikation einer Fallstruktur hin entwickeln.

4.2 Ein einzelfallorientiertes Verfahren zur co-interpretengestützten Anverwandlung

Das angedeutet Anforderungsprofil ist recht *anspruchsvoll*. Das zeigt sich zentral in Bezug auf eine der gestellten Aufgaben, die vom Co-Interpreten allein nur unzulänglich bewältigt werden kann: Ein Co-Interpret sollte idealerweise über ein "praktisches Bewußtsein" (Giddens 1984) von den beiden kulturspezifischen Deutungsrahmen verfügen, die er überdies in "diskursives Bewußtsein" (ebenda) überführen können sollte. Nun ist es in der Regel aber so, dass Co-Interpreten zwar über eine naturwüchsige Sozialisation in ihre Herkunftskultur verfügen, aber in die Rezeptorkultur nur sekundär einsozialisiert sind. D.h.: Sie sind mit dem praktischen Bewusstsein der Lebenspraxis, auf welche die analogisierende Übersetzung ausgerichtet sein soll, nicht vollständig vertraut, was für eine angemessene ‚Übersetzung' problematisch bleibt. Gerade diese nicht hintergehbare Problemlage bei der anverwandelnden Übersetzung durch einen Co-Interpreten macht deutlich, dass der Anverwandlungsprozess vom Co-Interpreten lediglich vorbereitet werden kann. Weitergeführt werden muss er in einem eingehenden ‚Anverwandlungsdialog' zwischen dem Co-Interpreten und dem wissenschaftlichen Kommunikationsforscher. Vollendet werden muss er dann von dem wissenschaftlichen Interpreten selbst. Daraus ergibt sich für die dialogische Anverwandlung einer fremdkulturellen Perspektive im Rahmen der Rekonstruktion eines interkulturellen Verständigungszusammenhangs die nachstehend beschriebene Schrittfolge. Sie soll dazu beitragen, methodisch kontrolliert entsprechende Anverwandlungsprozesse voranzutreiben:

1. Anverwandlungsschritt: die Übersetzung des Co-Interpreten
Nach der Einführung (a) in die untersuchungsleitende Fragestellung und (b) in die Prinzipien sequenzanalytischen Interpretierens kann dem Co-Interpreten das zu interpretierende Datenmaterial zur Verfügung gestellt werden. Die Aufgabe des Co-Interpreten

besteht in dieser Phase darin, gemäß den zuvor angedeuteten methodischen Prinzipien sich intensiv mit dem Material auseinanderzusetzen und für die fremdkulturelle Perspektive Lesarten zu bilden. Die Lesartenbildung muss so angelegt sein, dass sie für einen deutschen Interpreten nachvollziehbar ist. D.h.: Sie ist bereits am Deutungsrahmen der Rezeptorkultur orientiert und stellt insofern die erste und für die weitere Untersuchung richtungsweisende Analogisierung der relevanten Deutungsrahmen dar.

2. Anverwandlungsschritt: das gemeinsame Interpretationsgespräch
Der Co-Interpret kann nun seine erste analogisiernde Übersetzung den wissenschaftlichen Interpreten vorstellen. Die Interpreten erhalten in der Aneignung der Übersetzung die Gelegenheit, (vermeintliche) Inkonsistenzen, verbleibende Erklärungslücken und andere Irritationen festzustellen und den Co-Interpreten um weitergehende Übersetzungen zu bitten. Als Dialogform bietet sich das offene gemeinsame Interpretationsgespräch an, weil im unmittelbaren Austausch des Gesprächs ein verstrickter, komplexer, nuancierter und unverzüglicher Abgleich der Interpretationsperspektiven und der Aufbau eines gemeinsamen Deutungsmusters möglich ist. So ist das offene Interpretationsgespräch auch eine geeignete Form, den oben reklamierten strukturellen Übersetzungshindernissen entgegenzutreten: Dadurch, dass der Co-Interpret über die Nachfragen der deutschen Interpreten gezwungen wird, seine Analogisierung zu überdenken, weitergehender zu erläutern und zu präzisieren, können Defizite der Übersetzung, die als Folge einer mangelnden Vertrautheit mit der Rezeptorkultur entstehen können, zumindest eingeschränkt werden. Gleichzeitig wird über einen solchen Dialog die Interpretation wieder für neue Lesarten geöffnet und damit eine Lesartenvielfalt hergestellt, für die der in methodischen Belangen eher unerfahrene Co-Interpet nicht ohne weiteres garantieren kann.

3. Anverwandlungsschritt: hermeneutische Ausdeutung des gemeinsamen Interpretationsgesprächs
In der zweiten Übersetzungsphase wurde die Analogisierung im

Dialog des Co-Interpreten mit den wissenschaftlichen Interpreten konstituiert. Der Flüchtigkeit der Lesartenbildung sollte mit einer Tonbandprotokollierung des Gesprächs begegnet werden. Die hermeneutische Interpretation des transkribierten Gesprächstextes bietet dann die Möglichkeit zu einer abschließenden Festlegung der Analogisierung.

Obwohl das Interpretationsgespräch an methodischen Standards orientiert ist, bleibt die Lesartenbildung bis zu einem gewissen Grad stets konturenunscharf und diffus. Ziel einer Auslegung des Gesprächstextes ist es nun, die Lesarten mit Bezug auf den Dialog, in dem sie gebildet wurden, konturenscharf zu bestimmen. Dabei wird es darauf ankommen, die Bedeutung des Interpretationsgesprächs für die Lesartenkonstitution in Rechnung zu stellen.

4. Anverwandlungsschritt: Die Kontrollinterpretationen

In Anbetracht des nicht hintergehbaren Grundproblems der Überprüfbarkeit der von einem Co-Interpreten vorgenommenen analogisierenden Interpretation erscheint es ratsam, sich schon bei der Interpretation der einzelnen Fälle nicht auf die Mitarbeit nur eines Co-Interpreten zu verlassen. Vielmehr ist es sinnvoll, eine Leitinterpretation durchzuführen, und sie dann anschließend mit Hilfe von Kontrollinterpretationen qualitativ induktiv zu überprüfen.

5. Anverwandlungsschritt: Die fachwissenschaftliche Vertiefung

Hier angekommen muss dann noch überlegt werden, ob die Konzentration auf die Wahl lebensweltverwurzelter, methodisch wie theoretisch nicht wissenschaftlich ausgebildeter Co-Interpreten für die Gültigkeit der Interpretation nicht doch so große Risiken birgt, dass zumindest die Kontrollinterpretationen von *Fachwissenschaftlern* durchgeführt werden sollten (Roth 2004).

Sicherlich ist das Wissen der lebensweltverwurzelten, nicht wissenschaftlich ausgebildeten Co-Interpreten um die handlungstyp- und kulturspezifischen Rahmenbedingungen, aus denen heraus die beobachteten Vernehmungshandlungen als verbindlich vorgegeben und sinnvoll nachvollziehbar werden, in dem von ihnen explizierbaren Verständnis zum Teil nur rudimentär enthalten und von ihnen nicht unbedingt und schon gar nicht ohne weiteres explizierbar. Allerdings: Der Fachwissenschaftler als Interpret verfügt zwar über ein leichter zu explizierendes und bereits verallgemeinertes theoretisches Vorwissen. Er steht aber forschungspsychologisch betrachtet stets in der Gefahr, dieses Vorwissen als Vorwegdeutungen, in Bezug auf die in den Daten nur Belegmaterial gesucht wird, einzusetzen. Die Auslegung würde so ggf. von der lebensweltlichen Wirklichkeit, die es ja annäherungsweise zu rekonstruieren gilt, abgekoppelt. Von dieser Gefahr betroffen sind vor allem Wissenschafler, die der zu untersuchenden Ethnie nicht angehören. Von daher wäre die mit der Hermeneutik des Fremden auferlegte Problemlage mit einer Hilfestellung durch Fachwissenschaftler keinesfalls behoben oder unbedingt geeigneter gelöst.

Obwohl die lebensweltverhafteten Co-Interpreten ihr Wissen im Großen und Ganzen nur soweit explizieren, wie es für sie in der Gesellschaft für die Bewältigung handlungspraktischer Ziele erforderlich ist, gilt es zu bedenken, (a) dass sie als Alltagsmenschen mit der Pragmatik ihrer sozialen Trägergruppe wie kein anderer vertraut sind und (b) dass sie in einer ausgewiesenen Interpretationssituation handlungsentlastet durchaus in der Lage sind, genaue – wenn auch nicht unbedingt tiefenstrukturelle – Angaben zu ihren Orientierungen und Deutungen zu machen. *Entscheidend ist nun, dass eine Strukturrekonstruktion an diesen von den Co-Interpreten stellvertretend realisierten subjektiven Sinnsetzungen ansetzen muss, wenn sie nicht von vornherein ihren Gegenstand aus den Blick verlieren will* (Schütz 1977: 65f; Kellner/Heuberger 1999). Deshalb müssen sie, die Interpretationen der lebensweltverhafteten Co-Interpreten, bei der Auswertung der Vernehmungsdaten im Vordergrund stehen. An sie anschließend ist dann – in einem fünften Anverwandlungsschritt – die Durchführung von theoretisch vertiefenden Analysen über die Hinzuziehung geeigneter Fachwissenschaftler möglich und sinnvoll.

Die oben angesprochenen und kaum zu vermeidenden Anverwandlungsprobleme von Co-Interpreten sollen also – wenn man so will – über eine Anverwandlung des Analogisierungsangebots bewältigt werden.

- Die vom Co-Interpreten vorgeschlagene analogisierende Übersetzung soll in einem Dialog mit dem wissenschaftlichen Interpreten so erörtert werden, dass der Co-Interpret jeweils gezwungen ist, seine Analogisierung zu überdenken, zu präzisieren, um Lesarten zu erweitern und sie so angemessener anzugleichen.
- Danach wird dann in der Interpretation des transkribierten Interpretationsgesprächs die analogisierende Übersetzung konturenscharf an den spezifischen Deutungsrahmen der Rezeptorkultur und an den wissenschaftlichen Relevanzen orientiert festgelegt.

Charakteristisch für das hier entwickelte Verfahren zum Verstehen der einem Forscher fremden Kommunikationsperspektive ist also nicht einfach die Anverwandlung mithilfe der Übersetzung von Co-Interpreten, sondern eine *doppelte Anverwandlung*: die analogisiernde Übersetzung der Co-Interpreten wird von den wissenschaftlichen Interpreten ihrerseits übersetzt, die Anverwandlung so in ihre abschließende Form gebracht.

Und erst wenn eine solche Anverwandlung zweiter Ordnung geleistet ist, können dann – verdichtet – die einzelfallspezifischen Besonderheiten der fremdkulturellen Kommunikationsperspektive ‚aus ihrem inneren Zusammenhang' beschrieben werden. Die dialogische Anverwandlung ist zu ihrem Abschluss gekommen. Damit sind die Voraussetzungen dafür geschaffen, die beiden für den zu rekonstruierenden interkulturellen Verständigungszusammenhang relevanten Kommunikationsperspektiven, die kulturvertraute und die kulturfremde, so in Beziehung zueinander zu setzen, dass die Dynamik des interkulturellen Verständigungszusammenhangs aus dem Zusammenspiel der einander mehr oder weniger fremden Perspektiven verstehbar wird (exemplarisch Schröer 2002).

5. Grundlagentheoretischer Rahmen für eine kommunikationssoziologische Analyse interkultureller Kommunikation: Eine Zusammenfassung

(a) Kommunikationstheoretischer Aspekt:
Interkulturelle Kommunikation: eine spezifische Form des Bemühens um kommunikative Verständigung

Eine kommunikationstheoretische Fundierung empirischer Untersuchungen zur Pragmatik interkultureller Kommunikation ist aus zwei Gründen angezeigt: (1) Mit ihr können im Verlaufe einer Untersuchung nur schwer einholbare grundlegende Probleme im Gegenstandverständnis von vornherein ausgeräumt werden. Oder positiv: Mit einer kommunikationstheoretischen Klärung lässt sich vorab ein tiefenscharfes Verständnis von der interkulturellen Kommunikationsdimension des zu untersuchenden Gegenstandes erlangen, so dass für die Untersuchung dann entsprechende Vorkehrungen getroffen werden können. (2) Darüber hinaus ist ein kommunikationstheoretisches Wissen um interkulturelle Kommunikationsprozesse auch für die Begründung einer wissenschaftlichen Rekonstruktion des Fremden von Bedeutung. In der Auswertung fremdkultureller Daten entpuppt sich der wissenschaftliche Forschungsprozess selbst als Spezialfall interkultureller Kommunikation. Eine methodologische Klärung dieser Variante eines wissenschaftlichen Verstehensprozesses sollte von daher auf grundlagentheoretisches Wissen um die Bedingung der Möglichkeit interkultureller Verständigung zurückgreifen können.
Interkulturelle Kommunikation gilt als eine problematische Form der Kommunikation. Missverständnisse scheinen vorprogrammiert, weil – so Gumperz – die Kommunikanten ihre Mitteilungen an nicht zur Deckung kommenden kulturspezifischen Kontextualisierungshinweisen ausrichten. Die erfolgreiche Unterstellung von Intersubjektivität ist damit genauso eingeschränkt wie

der Aufbau einer gemeinsamen Handlungsorientierung. Mit dem Attribut 'interkulturell' ist implizit eine Abgrenzung zu Formen intrakultueller Kommunikation hervorgehoben. In intrakultureller Kommunikation – so jedenfalls das auch noch in der Sprach- und Kommunikationswissenschaft weit verbreitete Vorurteil – bewegen sich die Kommunikanten in einem kulturell geteilten, gemeinsamen Kontextualisierungsrahmen, mit dem wechselseitige Verständigung und eine gemeinsame Handlungskoordinierung situativ im Detail zwar noch ausgehandelt werden, im Wesentlichen aber vorab als gesichert gelten können. Kommunikative Missverständnisse sind in diesem Verstande eher marginal und lassen sich schnell und relativ unkompliziert in Anbetracht eines bestehenden Grundkonsenses beheben.

Eine solch trennscharfe Abgrenzung von intra- und interkultureller Kommunikation wird aus einer grundlagentheoretischen Betrachtung kommunikativer Verständigungsprozesse allerdings problematisch. Stellt man bei der Beschreibung kommunikativer Verständigung die nicht hintergehbare Perspektivität der Erfahrungsbildung in Rechnung, dann wird schlagartig klar, *dass intra- und interkulturelle Kommunikation allem Anschein zum Trotz ein strukturell identisches Problem zu lösen haben*: die Verständigung in Anbetracht von Erfahrungsungleichheit. Eine Unterscheidung beider Kommunikationstypen macht von daher nur Sinn in der Beschreibung des *Niveaus*, auf dem die strukturell identische Problemlage in intra- und interkultureller Kommunikation gelöst ist.

Für intrakulturelle Kommunikation ist ein gewisser Abgleich der subjektiven Erfahrungsaufbauten, der subjektiv verankerten Kontextualisierungshinweise, im Kern: der Relevanz- und Deutungsrahmen, charakteristisch, so dass die Unterstellung von Intersubjektivität zum Zwecke der Verständigung und der Handlungskoordinierung bis auf weiteres möglich ist. Solche *kommunikativen Ähnlichkeitsbereiche* haben sich über Generationen geschichtlich im intersubjektiven 'Spiegelungsprozess' herausgebildet, und sie werden im sozialisatorischen 'Spiegelungsprozess' tradiert. In intrakultureller Kommunikation ist das Grundproblem der Verständigung in Anbetracht von Erfahrungsungleichheit also über eine institutionalisierte Angleichung vor allem der orientierenden Relevanz- und Deutungsrahmen bis auf weiteres gelöst. *Und eine solche Lösung steht in interkultureller Kommunikation gerade auf der Ebene der orientierungsstiftenden Relevanzen und basalen Deutungsmuster nicht oder nicht hinreichend ausgearbeitet zur Verfügung.*

Die relative Stabiltät kommunikativer Ähnlichkeitsbereiche in intrakultureller Kommunikation darf aber nicht darüber hinwegtäuschen, dass auch für sie die Relevanz- und Deutungsrahmen stets biographisch-perspektivisch gebunden bleiben. Die Heterogenität der Erfahrungsbildung kann nicht vollständig aufgehoben werden, und sie bleibt von daher auch der intrakulturellen Kommunikation als *dynamisierender Unruheherd* erhalten. Die 'gemeinsame' Grundorientierung in interkultureller Kommunikation repräsentiert aus dieser Sicht eine fragil bleibende, dezentrale Konstruktion von Erfahrungsgleichheit in Anbetracht nicht hintergehbarer Ungleichheit. Pragmatisch motiviert und in der Einahme einer spezifischen Haltung, der von Schütz so genannten „Reziprozität der Perspektiven", bemühen sich die Subjekte alltäglich darum, die fragile Konstruktion zu stabilisieren, sie entsprechend situativer Erfordernisse und spezifischer Interessenslagen in Teilen neu auszuhandeln und entsprechend zu modifizieren. In Anbetracht der verbleibenden Heterogenität der Erfahrungsbildung ist dann auch plausibel, dass – in die gesellschaftliche Dimension verlängert – kulturelle Orientierungsrahmen bis in die Relevanz- und basalen Deutungsrahmen hinein in erheblichem Maße heterogen bleiben. Gesellschaftliche Konflikte auf der Ebene der Grundorientierung sind so auch hier vorgezeichnet.
Die in der Beobachtung intrakultureller Kommunikation sich zeigende Möglichkeit einer Konstruktion von orientierungsstabilisierenden Ähnlichkeitsbereichen in Anbetracht von Erfahrungsungleichheit ist auch für ein Verständnis interkultureller Kommunikationsprozesse aufschlussreich. Mit ihr ist darauf verwiesen, dass die Bemühungen um Verständigung in interkultureller Kommunikation keineswegs aussichtslos sind. Die Kommunikanten haben grundsätzlich die Chance, in der intersubjektiven Spiegelung ihrer Perspektiven ihre Orientierungen

pragmatisch motiviert so weit auszudifferenzieren, zu modifizieren und so anzugleichen, dass eine mehr oder weniger weitgehend erfolgreiche Unterstellung von Intersubjektivität gelingen kann und eine gemeinsame Handlungskoordinierung möglich wird. Diese Chance zur interkulturellen Verständigung fundiert dann auch die Möglichkeit einer wissenschaftlichen Hermeneutik des Fremden.
Vor diesem Hintergrund – strukturell identische Ausgangslage für intra- und interkulturelle Kommunikation; verbleibende Heterogenität der Erfahrungsbildung in intrakulturellen Kommunikationszusammenhängen; Chance zur pragmatisch motivierten Angleichung der Erfahrungsaufbauten zum Zwecke der Verständigung in interkulturellen Zusammenhängen – macht dann eine trennscharfe Abgrenzung von inter- und intrakultureller Kommunikation kaum noch Sinn. Es scheint vielmehr ratsam, die beiden verwandten Kommunikationstypen als *Pole eines gleitenden Spektrums* aufzufassen, so dass abgestufte Bestimmungen möglich werden, entsprechende Fragestellungen aufgeworfen und angemessene Untersuchungsdesigns kreiert werden können.

(b) Methodologischer Aspekt: Die wissenschaftliche Rekonstruktion des Fremden: eine dialogisch fundierte Anverwandlung

Die kommunikationstheoretischen Klärungen zur intra- und interkulturellen Kommunikation sind für eine methodologische Begründung methodisch kontrollierten Verstehens im allgemeinen und für die Begründung eines entsprechenden Verstehens des Fremden im besonderen aufschlussreich (vgl. Kap. 3).
Zunächst einmal stellt sich mit der Nichthintergehbarkeit der perspektivischen Lage des Subjekts für die wissenschaftliche Erfahrungsbildung überhaupt die *Frage nach ihrer intersubjektiven Gültigkeit.* Objektivität – verstanden als eine außerhalb jeder Perspektivik stehende 'Wahrheit' –, das erbrachte die Diskussion, ist auch bei einer methodisch kontrollierten Erfahrungsbildung nicht zu haben. Was bleibt, ist das Bemühen der Sozialforscher, die von ihnen erarbeiteten Intersubjektivitätskonstruktionen immer wie-

der von neuem auf ihre *Brauchbarkeit* und im wissenschaftlichen Diskurs auf ihre *Anschlussfähigkeit* hin zu überprüfen.

Das Problem der Objektivität wissenschaftlicher Erkenntnisgewinnung stellt sich besonders dramatisch für Forschungskontexte, in denen es um die *Rekonstruktion fremdkultureller Zusammenhänge* geht. Das 'Ärgernis' der Perspektivität der Erfahrungsbildung wird in Bezug auf 'heimische' Forschungsgegenstände über die perspektivgebundene Vertrautheit des Sozialforschers mit dem auch von ihm getragenen Ähnlichkeitsbereich aufgefangen. Dieses Lösungsmuster versagt für Forschungskontexte, in denen die Perspektive des Sozialforschers nicht ohne weiteres an den Orientierungsrahmen des von ihm zu untersuchenden Feldes anschlussfähig ist, in denen ihm der zu untersuchende Ähnlichkeitsbereich fremd ist.

In entsprechenden Forschungssituationen befindet sich der Sozialforscher dann selbst in einem interkulturellen Verständigungszusammenhang. Allerdings geht es ihm nicht wie den alltagspraktisch Handelnden darum, pragmatisch motiviert im intersubjektiven 'Spiegelungsprozess' wechselseitig so weit eine angleichende Modifikation und Ausdifferenzierung der eigenen Perspektive zuvorzunehmen, bis ihm Verständigung und vor allem Handlungskoordinierung möglich sind. Ihm, dem Sozialforscher, geht es darum, die ihm fremde Perspektive zu rekonstruieren. Er unternimmt den Versuch, den fremdkulturellen Orientierungszusammenhang in den Orientierungszusammenhang seiner Kultur zu übertragen. Ihm geht es nicht um eine pragmatische Angleichung und Abstimmung, *ihm geht es um Übersetzung.*

Um eine solche Übersetzung leisten zu können, muss sich der Sozialforscher auf einen *Dialog mit dem zu untersuchenden Feld* einlassen. Darauf verweist mit Nachdruck die in der Ethnographie geführte writing-culture-Debatte. Gerade bei der Übersetzung des Fremden tritt in aller Deutlichkeit hervor, dass die Perspektivität des Forschungsprozesses nicht nur auf den Sozialforscher allein, sondern auch auf das sich stets spezifisch, fragmentarisch und reaktiv zeigende Feld bezogen werden muss. Empirische Sozialforschung und insbesondere die empirische Rekonstruktion des

Fremden sind stets *doppelperspektivisch* angelegt. Der Objektivitätsanspruch muss von daher weiter zurückgenommen werden: Es kann nur noch um den Entwurf von *orientierungsstiftenden Heuristiken*, um die Entwicklung von heuristischen Übersetzungen gehen. So bleibt die Möglichkeit, dass aus dem Dialog heraus „das Fremde in seiner Eigentümlichkeit (...) zwar nicht an sich (erkannt; N.S.), aber für uns etwas anderes, ein Angeeignetes, Bekanntes" (Dammann 1992: 24) wird. Solche 'Übersetzungen für uns' werden nach dem Prinzip der *Anverwandlung* vorgenommen: „Anders kann das Fremde gar nicht zugänglich sein, als indem es die ursprüngliche Fremdheit verliert und sich in Ähnlichkeiten auflöst, die ein Wiedererkennen erlauben." (Bubner 1980: 190) Kommunikationstheoretisch ausbuchstabiert heißt Anverwandlung: *In der Auseinandersetzung mit dem Fremden differenziert der Sozialforscher seine Perspektive so aus, dass auf seiner Seite ein reflektierter Ähnlichkeitsbereich entsteht, von dem her ihm das Fremde vertraut wird, ohne dass er den Relevanz- oder Deutungsrahmen seiner Herkunfsperspektive im ganzen verändert.* Der Sozialforscher greift auf eine Variante alltagsweltlicher interkultureller Verständigung zurück, verfeinert sie methodisch und kreiert so den wissenschaftlich rekonstruktiven Spezialfall interkultureller Verständigung: eine den Dialog, aus dem sie hervorgegangen ist, mitreflektierende, analogisierende Übersetzung.

(c) Methodischer Aspekt: Die Auswertung fremdkultureller Daten mit Hilfe von milieuvertrauten Co-Interpreten

In Anbetracht der Dialogizität jeder Feldforschung stellt sich für jede Untersuchung entsprechend die methodische Frage nach einer *angemessenen Gestaltung des Dialogs.* Ich habe hier eine mögliche Lösung angedeutet: die Auswertung der fremdkulturellen Daten mit Hilfe von kulturvertrauten Co-Interpreten.
Die Aufgabe eines milieuvertrauten Co-Interpreten besteht im Rahmen *solcher Auswertungslagen* darin, am erhobenen Datenmaterial die relevanten fremdkulturellen Deutungsmuster in die der Rezeptorkultur zu übersetzen, damit die 'einheimischen' Interpreten den handlungsrelevanten fremdkulturellen Orientierungs- und

Deutungsrahmen nachvollziehen können. Entsprechende Bemühungen *finden aber in Bezug auf drei strukturelle Problemlagen ihre Grenzen*:

- Die verschiedenen kulturspezifischen Perspektiven lassen sich auch in Annäherungsphasen nicht reibungslos ineinander überführen, da die inneren Kontexte nicht in vollem Umfang kompatibel sind.
- Die Personen, die als Co-Interpreten in Betracht kommen, sind in die beiden relevanten kulturellen Kontexte in der Regel ungleich einsozialisiert. Normalerweise sind sie mit dem praktischen Bewusstsein der Lebenspraxis, auf welche die analogisierende Übersetzung ausgerichtet sein soll, nicht vollständig vertraut, weil sie nur sekundär einsozialisiert sind.
- Die Lesartenbildung der Co-Interpreten ist zwangsläufig indexikal. D.h.: Der kulturelle Kontext, aus dem heraus das beobachtete und zu interpretierende Handeln als sinnvoll nachvollzogen werden kann, kann bei der übersetzenden Analogisierung von den Co-Interpreten nur skizziert werden, und er wird den deutschen Interpreten nur ansatzweise übersetzt werden können.

So liegt die Nichthintergehbarkeit der Kontingenz von Übersetzungen durch Co-Interpreten auf der Hand. Für den deutschen Rezipienten wird diese Kontingenz erfahrbar in der für ihn verbleibenden Lückenhaftigkeit, Inkonsistenz und Unplausibilität von Teilen der Lesartenbildung. Von daher ist es an ihm, das Lesartenangebot *weitergehend anzupassen* und seine Interpretationsperspektive entsprechend *auszudifferenzieren*. Er muss die von den Co-Interpreten eingeleitete analogisierende Anverwandlung zum Abschluss bringen. *Er muss sich die Anverwandlung der Co-Interpreten so anverwandeln, dass ihm die zuvor irritierenden 'fremdkulturellen' Handlungen im Anschluss verstehbar sind.* Es empfiehlt sich, diese Anverwandlungsprozedur unter Beachtung der oben skizzierten Schrittigkeit zu kanalisieren.
Die einzelfallorientierte Anverwandlung der die fremdkulturellen

Handlungen bestimmenden fremden Orientierungs- und Deutungsrahmen ist jeweils die Voraussetzung für eine *Gesamtanalyse von Einzelfällen*. D.h.: Es ist nach einer Anverwandlung jeweils möglich, die beiden einen interkulturellen Kommunikationszusammenhang konstituierenden Perspektiven, die vertraute 'einheimische' und die vordem unvertraute fremde, mit Bezug aufeinander entlang eines Falles zu rekonstruieren. Vor diesem Hintergrund ist es dann möglich, *einzelfallanalytisch eine Strukturhypothese* in Bezug auf eine Fragestellung zur interkulturellen Kommunikation in einem spezifischen Untersuchungszusammenhang aufzustellen. D.h.: *Es ist möglich, am Einzelfall kommunikationssoziologisch das 'Zusammenspiel' der sich zumindest in wesentlichen Teilen fremden Perspektiven aus den sie konstituierenden kulturspezifischen Lebenslagen und damit aus ihren Grundorientierungen heraus hypothetisch zu rekonstruieren.*

Literatur

Amann, K., und St. Hirschauer (1997). Die Befremdung der eigenen Kultur. Ein Programm. In: St. Hirschauer und K. Amann (Hg.). Die Befremdung der eigenen Kultur. Zur ethnographischen Herausforderung der soziologischen Empirie (7-52). Ffm

Asad, T. (1993). Übersetzen zwischen Kulturen. Ein Konzept der britischen Sozialanthroplogie. In: E. Berg und M. Fuchs (Hg.). Kultur, soziale Praxis, Text. Die Krise der ethnographischen Repräsentation (300-334). Ffm

Auer, P. (1986). Kontextualisierung. In: Studium Linguistik 19: 22-47

Auer, P. (1992). Introduction: John Gumperz' Approach to Contextualization. In: P. Auer and A. Di Luzio (Ed.). The Contextualization of Language (1-38). Amsterdam, Philadelphia

Benjamin, W. (1977). Die Aufgabe des Übersetzers. In: ders. Illuminationen. Ausgewählte Schriften 1 (50-62). Ffm

Berg, E., und M. Fuchs (Hg.) (1993). Kultur, soziale Praxis, Text. Die Krise der ethnographischen Repräsentation. Ffm

Berger, P., und Th. Luckmann (1969). Die gesellschaftliche Konstruktion der Wirklichkeit. Eine Theorie der Wissenssoziologie. Ffm

Bergmann, J. R. (1985). Flüchtigkeit und methodische Fixierung sozialer Wirklichkeit. In: W. Bonß und H. Hartmann (Hg.). Entzauberte Wissenschaft (299-320). Göttingen

Bergmann, J., und Th. Luckmann (1995). Reconstuctive Genres of Everyday Communication. In: U. Quasthoff (Ed.). Aspects of Oral Communication (289-304). Berlin, New York

Bergmann, N.; Sourisseaux, A.L.J. (Hg.) (2002). Interkulturelles Management. Berlin

Bernstein, B. (1981a). Codes, Modalities and the Process of Cultural Reproduction. In: Language and Society 17: 161-181

Bernstein, B. (1981b). Studien zur sprachlichen Sozialisation. Ffm, Berlin, Wien

Bourdieu, P. (1976). Entwurf einer Theorie der Praxis. Ffm

Bourdieu, P. (1990). Was heißt Sprechen? Die Ökonomie des sprachlichen Tausches. Wien

Brecht, B. (1980). Geschichten von Herrn Keuner. Ffm

Bubner, R. (1980). Ethnologie und Hermeneutik. In: G. Baer und P. Centlivres (Hg.). Ethnologie im Dialog (183-196). Fribourg

Clifford, J., und G. E. Marcus (Hg.) (1986). Writing Culture. The Po-

etics and Politics of Ethnography. Berkeley
Coleman, J.S. (1991). Grundlagen der Sozialtheorie Bd. 1. München
Coreth, E. (1969). Grundfragen der Hermeneutik. Ein philosophischer Beitrag. Freiburg, Basel, Wien
Dammann, R. (1991). Die dialogische Praxis der Feldforschung. Der ethnographische Blick als Paradigma der Erkenntnisgewinnung. Ffm
Dammann, R. (1992). Die Entdeckung des inneren und des äußeren Auslands. In: kea. Zeitschrift für Kulturwissenschaften, Heft 4: 21-38
Deloch, H. (1997). Verstehen fremder Kulturen. Die Relevanz des Spätwerks Ludwig Wittgensteins für die Sozialwissenschaften. Ffm
Dersch, D., und U. Oevermann (1994). Methodisches Verstehen fremder Kulturräume. Bäuerinnen im Wandlungsprozeß in Tunesien. In: Peripherie 53, 14: 26-53
Dreißig, V. (2005). Interkulturelle Kommunikation im Krankenhaus. Eine Studie zur Interaktion zwischen Klinkpersonal und Patienten mit Migrationshintergrund. Bielefeld
Dwyer, K. (1977). On the Dialogic of Fieldwork. In: Dialectical Anthropology 2: 143-151
Dwyer, K. (1979). The Dialogic of Ethnology. In: Dialectical Anthropology 4: 205-224
Eberle, Th. (2000). Lebensweltanalyse und Handlungstheorie. Beiträge zur verstehenden Soziologie. Konstanz
Eschbach, A. (1977). Pragmatische Semiotik und Handlungstheorie. (Einleitung). In: Ch. W. Morris. Pragmatische Semiotik und Handlungstheorie (hrsg. von A. Eschbach). Ffm
Esser, H. (1990). „Habits“, „Frames“ und „Rational Choice“. Die Reichweite von Theorien der rationalen Wahl. In: ZfS 19: 231-247
Esser, H. (1991). Rationalität des Alltagshandelns. Eine Rekonstruktion der Handlungstheorie von Alfred Schütz. In: ZfS 20: 430-445
Frake, C. (1964). A Structural Discription of Subanun „Religious’ Behavior“. In: W.H. Goodenough (Ed.). Explorations in Cultural Anthropology (111-130). New York
Frake, C. (1972). Struck by Speech. A Yakan Concept of Litigation. In: J. Gumperz u. D. Hymes (Ed.). Directions in Sociolinguistics (106-129). New York
Frake, C. (1980). Die ethnographische Erforschung kognitiver Systeme. In: Arbeitsgruppe Bielefelder Soziologen (Hg.). Alltagswissen, Interaktion und gesellschaftliche Wirklichkeit (323-338). Opladen
Fuchs, M. (1997). Universalität der Kultur. Reflexion, Interaktion und das Identitätsdenken - eine ethnologische Perspektive. In: M. Bro-

cker und H. Nau (Hg.). Ethnozentrismus. Möglichkeiten und Grenzen des interkulturellen Dialogs (141-152). Darmstadt

Fuchs, M. (1997a). Übersetzen und Übersetzt-Werden: Plädoyer für eine interaktionsanalytische Reflexion. In: D. Bachmann-Medick (Hg.). Übersetzen als Repräsentation fremder Kulturen (308-328). Berlin

Gadamer, H.-G. (1975). Wahrheit und Methode. Grundzüge einer philosophischen Hermeneutik. Tübingen

Geertz, C. (1987a). Dichte Beschreibung. Bemerkungen zu einer deutenden Theorie von Kultur. In: ders. Dichte Beschreibung (7-43). Ffm

Geertz, C. (1987b). „Deep play": Bemerkungen zum balinesischen Hahnenkampf. In: ders. Dichte Beschreibung (202-260). Ffm

Geertz, C. (1987c). „Aus der Perspektive des Eingeborenen". Zum Problem des ethnographischen Verstehens. In: ders. Dichte Beschreibung (289-309). Ffm

Geertz, C. (1990). Anthropologen als Schriftsteller. München

Giddens, A. (1992). Die Konstitution der Gesellschaft. Ffm

Glasersfeld, E. von (1987). Siegener Gespräche über Radikalen Konstruktivismus. In: S. J. Schmidt (Hg.). Der Diskurs des Radikalen Konstruktivismus (401-440). Ffm

Glasersfeld, E. von (1990). Die Unterscheidung des Beobachters. Versuch einer Auslegung. In. V. Riegas und Ch. Vetter (Hg.). Zur Biologie der Kognition (281-295). Ffm

Glasersfeld, E. von (1997). Radikaler Konstruktivismus. Ideen, Ergebnisse, Probleme. Ffm

Goodenough, W.H. (1964). Cultural Anthropology and Linguistics. In: D. Hymes (Ed.). Language in Culture and Society (36-39). New York, Evanston, London

Götz, I. (1996). Unternehmenskultur und interkulturelle Kommunikation. Erfahrungen in einem Münchener Unternehmen. In: K. Roth (Hg.). Mit der Differenz leben. Europäische Ethnologie und Interkulturelle Kommunikation (165-180). München

Götz; K. (Hg.) (2000). Interkulturelles Lernen/Interkulturelles Training. München und Mering

Gumperz, J. (1971). Language in Social Groups. Stanford

Gumperz, J. (1982). Discourse Strategies. Cambridge Mass

Gumperz, J. (Ed.) (1982a). Language and Social Identity. Cambridge Mass

Gumperz, J. (1992). Contextualization and Understanding. In: A. Duranti u. Ch. Goodwin (Ed.). Rethinking Context. Language as an Interactive Phenomenon (229-252). Cambridge Mass

Gumperz, J. (1994). Sprachliche Variabilität in interaktionistischer Perspektive. In: W. Kallmeyer (Hg.). Kommunikation in der Stadt, Teil 1 Empirische Analysen des Sprachverhaltens in Mannheim (611-639). Berlin, New York

Gumperz, J., T.C. Jupp, C. Roberts (1979). Crosstalks. Havelock

Günthner, S., und H. Knoblauch (1997). Gattungsanalyse. In: R. Hitzler und A. Honer (Hg.). Sozialwissenschaftliche Hermeneutik (281-308). Opladen

Hall, E. T. (1959). The Silent Language. Garden City

Hall, E. T. (1969). The Hidden Dimension, Garden City

Hall, E. T. (1992). An Anthropology of Everyday Life. An Autobiography. New York

Helmolt, K. von (1997). Kommunikation in internationalen Arbeitsgruppen. München

Hejl, P.M. (1987). Konstruktion der sozialen Konstruktion: Grundlinien einer konstruktivistischen Sozialtheorie. In: S. J. Schmidt (Hg.). Der Diskurs des Radikalen Konstruktivismus (303-339). Ffm

Hinnenkamp, V. (1989). Interaktionale Soziolinguistik und interkulturelle Kommunikation. Tübingen

Hinz, E. (1985). Arbeit mit einem Hauptinformanten. Ein Wahrsager in Guatemala. In: H. Fischer (Hg.). Feldforschungen. Berichte zur Einführung in Probleme und Methoden (219-238). Berlin

Hitzler, R. (1988). Sinnwelten. Opladen

Hitzler, R. (1992). Der Goffmensch. In: Soziale Welt 43: 449-461

Hitzler, R. (1998). Das Problem, sich verständlich zu machen. In: H. Willems und M. Jurga (Hg.). Inszenierungsgesellschaft (93-106). Opladen

Hitzler, R., und A. Honer (Hg.) (1997). Sozialwissenschaftliche Hermeneutik. Opladen

Hitzler, R., J. Reichertz, N. Schröer (Hg.) (1999). Hermeneutische Wissenssoziologie. Standpunkte zur Theorie der Interpretation. Konstanz

Hitzler, R., J. Reichertz, N. Schröer (1999a). Das Arbeitsfeld einer hermeneutischen Wissenssoziologie. In: dies. (Hg.). Hermeneutische Wissenssoziologie. Standpunkte zur Theorie der Interpretation (9-13). Konstanz

Hofstede, G. (1993). Interkulturelle Zusammenarbeit: Kulturen – Organisationen – Management. Wiesbaden

Honer, A. (1993). Lebensweltliche Ethnographie. Ein explorativ-interpretativer Forschungsansatz am Beispiel von Heimwerker-Wissen. Wiesbaden

Hymes, D. (1979). Soziolinguistik. Ffm
Juchem, J. G. (1985). Grundlagen der Soziologie: Zeichentheorie. Studienbrief der FernUniversität Hagen, KE 3. Hagen
Juchem, J. G. (1987). Einleitung zu Gerold Ungeheuer: Kommunikationstheoretische Schriften I: Sprechen, Mitteilen, Verstehen (hrsg. von J.G. Juchem) (1-17). Aachen
Juchem, J. G. (1989). Konstruktion und Unterstellung. Ein kommunikationstheoretischer Versuch. Münster
Juchem, J. G., und H.W. Schmitz (1982). Problematische Verständigung. In: Kodikas/Code. Ars Semiotica 4/5: 195-205
Kalberg, St. (1996). Westdeutsche und US-amerikanische Formen der Interaktion. Eine Ebene des strukturierten Mißverständnisses. In: Berl.J. Soziol, H. 1: 33-42
Kartari, A. (1996). Kommunikation zwischen türkischen Mitarbeitern und deutschen Vorgesetzten in einem deutschen Industriebetrieb. In: K. Roth (Hg.). Mit der Differenz leben. Europäische Ethnologie und Interkulturelle Kommunikation (193-206). München
Kartari, A. (1997). Deutsch-türkische Kommunikation am Arbeitsplatz. München
Keim, Inken (2008). Die "türkischen Powergirls": Lebenwelt und kommunikativer Stileiner Migrantengruppe in Mannheim. Tübingen
Kellner, H., und F. Heuberger (1999): Die Einheit der Handlung als methodologisches Problem. Überlegungen zur Adäquanz wissenschaftlicher Modellbildung in der sinnverstehenden Soziologie. In: R. Hitzler, J. Reichertz, N. Schröer (Hg.). Hermeneutische Wissenssoziologie. Standpunkte zur Theorie der Interpretation (71-96). Konstanz
Knapp, K., und A. Knapp-Potthoff (1990). Interkulturelle Kommunikation. In: Zeitschrift für Fremdsprachenforschung 1: 62-93
Knoblauch, H. (1991). John J. Gumperz und die Interaktionale Soziolinguistik. In: ZfS 20: 446-462
Knoblauch, H. (1995). Kommunikationskultur. Berlin, New York
Köck, W. K. (1987). Kognition - Semantik - Kommunikation. In: S. J. Schmidt (Hg.). Der Diskurs des Radikalen Konstruktivismus (340-373). Ffm
Köck, W.K. (1990). Autopoiese, Kognition und Kommunikation. Einige kritische Bemerkungen zu Humberto R. Maturanas Bio-Epistemologie und ihren Konsequenzen. In. V. Riegas und Ch. Vetter (Hg.). Zur Biologie der Kognition (159-188). Ffm
Kögler, H. (2007). Verstehen. In: J. Straub; A. Weidemann; D. Weidemann (Hg.). Handbuch Interkulturelle Kommunikation und Kom-

petenz. (76-86). Stuttgart
Kurt, R. (1993). Soziologie ohne Subjekt ist sinnlos. In: G. Rusch und S.J. Schmidt (Hg.). Konstruktivismus und Sozialtheorie (331-357). Ffm
Kurt, R. (1995). Subjektivität und Intersubjektivität. Ffm
Leifeld, U./Schröer, N. (2005). Fremde Eigenheiten und eigene Fremdheiten: Flugbegleiter. Erscheint in: Kreutzer, F./ Roth, S. (Hg.). Internationale Karrieren und transnationale Mobilität: Biographien, Lebensweisen und Identitäten. Ffm
Lienhardt, G. (1954). Modes of Thought. In: E.E. Pritchard et. al. (Eds.) The Institutions of Primitive Society (95-107). Oxford
Loenhoff, J. (1992) Interkulturelle Verständigung. Zum Problem grenzüberschreitender Kommunikation. Opladen
Luckmann, Th. (1969). Soziologie der Sprache. In: R. König (Hg.). Handbuch der empirischen Sozialforschung (1-116). Stuttgart
Luckmann, Th. (1972). Die Konstitution der Sprache in der Welt des Alltags. In: B. Bandura und K. Gloy (Hg.). Soziologie der Kommunikation (219-237). Stuttgart, Bad Cannstatt
Luckmann, Th. (1980). Aspekte einer Theorie der Sozialkommunikation. In: ders. Lebenswelt und Gesellschaft (93-121). Paderborn
Luckmann, Th. (1984). Das Gespräch. In: K. Stierle und R. Warning (Hg.). Poetik und Hermeneutik XI (47-63). München
Luckmann, Th. (1986). Grundformen der gesellschaftlichen Vermittlung des Wissens: Kommunikative Gattungen. In: KZfSS, Sonderheft 27: 191-211
Luckmann, Th. (1988). Grundformen der gesellschaftlichen Vermittlung des Wissens: Kommunikative Gattungen. In: F. Neidhard, R.M. Lepsius, J. Weiss (Hg.). Kultur und Gesellschaft (191-211). Opladen
Luckmann, Th. (1991). Die unsichtbare Religion. Ffm
Luckmann, Th. (1999). Wirklichkeiten: individuelle Konstitution und gesellschaftliche Konstruktion. In: R. Hitzler, J. Reichertz, N. Schröer (Hg.). Hermeneutische Wissenssoziologie. Standpunkte zur Theorie der Interpretation (17-28). Konstanz
Luhmann, N. (1968). Vertrauen. Ein Mechanismus der Reduktion sozialer Komplexität. Stuttgart
Luhmann, N. (1981). Die Unwahrscheinlichkeit der Kommunikation. In: ders. Soziologische Aufklärung Bd. 3 (25-34). Opladen
Luhmann, N. (1984). Soziale Systeme. Ffm
Luhmann, N. (1988). Wie ist Bewußtsein an Kommunikation beteiligt? In: U. Gumbrecht und K.L. Pfeiffer (Hg.). Materialität der Kommunikation (884-905). Ffm

Luhmann, N. (1990).Die Wissenschaft der Gesellschaft. Ffm
Lüsebrink, H.-J. (Hg.) (2004). Konzepte der Interkulturellen Kommunikation. Theorieansätze und Praxisbezüge in interdisziplinäre Perspektive. St. Ingbert
Lüsebrink, H.-J. (2008). Interkulturelle Kommunikation. Interaktion, Fremdwahrnehmung Kulturtransfer. Stuttgart
Malinowski, B. (1973). Baloma - Die Geister der Toten auf den Trobriand-Inseln. In: ders. Magie, Wissenschaft und Religion (133-241). Ffm
Malinowski, B. (1979a). Argonauten des westlichen Pazifik. Ffm
Malinowski, B. (1979b). Das Geschlechtsleben der Wilden in Nordwest-Melanesien. Ffm
Malinowski, B. (1985). Ein Tagebuch im strikten Sinne des Wortes. Ffm
Marquard, O. (1981). Frage nach der Frage, auf die die Hermeneutik die Antwort ist. In: ders. Abschied vom Prinzipiellen (117-146). Stuttgart
Maturana, H. R. (1982). Erkennen. Die Organisation und Verkörperung von Wirklichkeit. Braunschweig, Wiesbaden
Maturana, H. R. (1987). Kognition. In: S. J. Schmidt (Hg.). Der Diskurs des Radikalen Konstruktivismus (89-118). Ffm
Maturana, H. R. (1987a). Biologie der Sozialität. In: S. J. Schmidt (Hg.). Der Diskurs des Radikalen Konstruktivismus (287-302). Ffm
Maturana, H. R., und F.J.Varela (1990). Der Baum der Erkenntnis. Bern, München
Meinefeld, W. (1995). Realität und Konstruktion. Opladen
Moosmüller (Hg.) (2007). Interkulturelle Kommunikation. Konturen einer wissenschaftlichen Disziplin. Münster
Müller-Jacquier, B. (1986). Interkulturelle Verstehensstrategien – Vergleich und Empathie. In: G. Neuner (Hg.).Kulturkontraste im DaF-Unterricht. (33-84. München
Müller-Jacquier, B. (2004). ‚Cross-cultural' versus Interkulturelle Kommunikation. Methodische Probleme der Beschreibung von Inter-Aktion. In: H.-J. Lüsebrink (Hg.). Konzepte der Interkulturellen Kommunikation. Theorieansätze und Praxisbezüge in interdisziplinäre Perspektive (69-114). St. Ingbert
Nassehi, A. (1997). Kommunikation verstehen. Einige Überlegungen zur empirischen Anwendbarkeit einer systemtheoretisch informierten Hermeneutik. In: T. Sutter (Hg.). Beobachtung verstehen, Verstehen beobachten (134-163). Opladen
Ohe, W. von der (1987). Interethnische Beziehungen als Dolmet-

scherarbeit. In: ders. (Hg.). Kulturanthropologie (401-420). Berlin

Oevermann, U. (1981). Fallrekonstruktion und Strukturgeneralisierung als Beitrag der objektiven Hermeneutik zur soziologisch-strukturtheoretischen Analyse. MS Ffm

Oevermann, U. (1986). Kontroversen über sinnverstehende Soziologie. Einige Probleme und Mißverständnisse in der Rezeption der 'objektiven Hermeneutik'. In: St. Aufenanger und M. Lenssen (Hg.). Handlung und Sinnstruktur (19-83). München

Oevermann, U. (1991). Genetischer Strukturalismus und sozialwissenschaftliche Probleme der Erklärung der Entstehung des Neuen. In: St. Müller-Dohm (Hg.). Jenseits der Utopie (267-338). Ffm.

Oevermann, U. (1993). Die objektive Hermeneutik als unverzichtbare methodologische Grundlage für die Analyse von Subjektivität. Zugleich eine Kritik der Tiefenhermeneutik. In: Th. Jung und St. Müller-Dohm (Hg.). 'Wirklichkeit' im Deutungsprozeß (106-189). Ffm

Otten, M.; Scheitza, A.; Cnyrim, A. (Hg.) (2007): Interkulturelle Kompetenz im Wandel, 2 Bde.; Ffm, London

Otten, M.; Allwood, J.; Assumpta, A.; Busch, D.; Hoffmann, D.; Schweisfurth, M. (Hg.) (2009). Qualitative Research on Intercultural Communication. FQS Vo. 10, No 1 (2009)

Park, R.E. (1928). Human Migration and the Marginal Man. In: The American Journal of Sociology 23: 881-893

Peirce, Ch. S. (1967). Deduktion, Induktion und Hypothese. In: ders. Schriften I. Zur Entstehung des Pragmatismus (hrsg. von K.-O. Apel) (368-394). Ffm

Peirce, Ch. S. (1973). Vorlesungen über Pragmatismus. Hamburg

Plessner, H. (1979): Mit anderen Augen . In: ders. Zwischen Philosophie und Gesellschaft (233-248). Ffm

Rehbein, J. (Hg.) (1985). Interkulturelle Kommunikation. Tübingen

Reichertz, J. (1989). Hermeneutische Auslegung von Feldprotokollen? Verdrießliches über ein beliebtes Forschungsmittel. In: R. Aster, H. Merkens, M. Repp (Hg.). Teilnehmende Beobachtung (84-102). Ffm

Reichertz, J. (1991). Aufklärungsarbeit. Kriminalpolizisten und Feldforscher bei der Arbeit. Stuttgart

Reichertz, J. (1993). Abduktives Schlußfolgern und Typen(re)konstruktion. In: Th. Jung und St. Müller-Dohm (Hg.). 'Wirklichkeit' im Deutungsprozeß (258-282). Ffm

Reichertz, J. (1997). Plädoyer für das Ende der Methodologiedebatte bis zur letzten Konsequenz. In: T. Sutter (Hg.). Beobachtung verstehen, Verstehen beobachten (98-132). Opladen

Reichertz, J., und N. Schröer (1994). Erheben, Auswerten, Darstellen. Konturen einer hermeneutischen Wissenssoziologie. In: N. Schröer (Hg.). Interpretative Sozialforschung. Auf dem Wege zu einer hermeneutischen Wissenssoziologie (56-84). Opladen

Reichertz, J., und H.-G. Soeffner (1994). Von Texten und Überzeugungen. In: N. Schröer (Hg.). Interpretative Sozialforschung. Auf dem Wege zu einer hermeneutischen Wissenssoziologie (310-327) Opladen

Renn, J. (1999). Der Tod des Kapitän Cook. Zur Pragmatik sozialer Integration am Beispiel einer interkulturellen Begegnung. in: Handlung, Kultur, Interpretation Jg. 8, Heft 2: 5-26

Renn, J. (2004). Übersetzungsverhältnisse. Perspektiven einer pragmatischen Gesellschaftstheorie. Weilerswist

Richards, J., E. von Glasersfeld (1987). Die Kontrolle von Wahrnehmung und die Konstruktion von Realität. Erkenntnistheoretische Aspekte des Rückkoppelungs-Kontroll-Systems. In: S. J. Schmidt (Hg.). Der Diskurs des Radikalen Konstruktivismus (192-228). Ffm

Rost-Roth, M. (1993). Verständigungsprobleme in der interkulturellen Kommunikation. Ein Forschungsüberblick zu Analysen und Diagnosen in empirischen Untersuchungen. In: W. Klein und N. Dittmar (Hg.). Interkulturelle Kommunikation (Zeitschrift für Literaturwissenschaft und Linguistik, Heft 93) (9-45). Göttingen

Roth, G. (1987). Autopoiese und Kognition: Die Theorie H. R. Maturanas und die Notwendigkeit ihrer Weiterentwicklung. In: S. J. Schmidt (Hg.). Der Diskurs des Radikalen Konstruktivismus (256-286). Ffm

Roth, K. (1993). Interkulturelles Management - ein volkstümliches Problem? In: M. Dauskardt und H. Gerndt (Hg.). Der industrielle Mensch (275-290). Hagen

Roth, K. (Hg.). 1996). Mit der Differenz leben. Europäische Ethnologie und interkulturelle Kommunikation. Münster

Roth, K. (2004). Kulturwissenschaften und Interkulturelle Kommunikation: Der Beitrag der Volkskunde zur Untersuchung interkultureller Interaktion. In: H.-J. Lüsebrink (Hg.). Konzepte der Interkulturellen Kommunikation. Theorieansätze und Praxisbezüge in interdisziplinäre Perspektive (115-144). St. Ingbert

Roth, S. (1991). Die Kriminalität der Braven. München

Sanjek, R. (Hg.) (1991) . Fieldnotes: The Making of Anthropology. Ithaca, London

Saussure, F. de (1967). Grundfagen der allgemeinen Sprachwissenschaft. Berlin

Saville-Troike, M. (1982). The Ethnographie of Communication. Oxford

Schiffauer, W. (1983). Die Gewalt der Ehre. Ffm

Schiffauer, W. (1995). Europäische Ängste - Metaphern und Phantasmen im Diskurs der neuen Rechten in Europa. In: W. Kaschuba (Hg.). Kulturen-Identitäten-Diskurse. Perspektiven europäischer Ethnologie (45-63). Berlin

Schiffauer, W. (1999). Verhandelbare Diskursfelder. Beschwörungen eines Phantoms: die Angst vor kultureller Desintegration. In: Frankfurter Rundschau Nr. 27 vom 27. April 1999: 18

Schiffrin, D. (1994). Approaches to Discourse. Oxford, Cambridge Mass

Schlee, G., und K. Werner (Hg). Inklusion und Exklusion. Die Dynamik von Grenzziehungen im Spannungsfeld von Markt, Staat und Ethnizität. Köln

Schmidt, S. J. (1987). Der Radkale Konstruktivismus: Ein neues Paradigma im interdisziplinären Diskurs. In: ders. (Hg.). Der Diskurs des Radikalen Konstruktivismus (11-88). Ffm

Schmidt, S. J. (1990). Der beobachtete Beobachter. Zu Text, Kommunikation und Verstehen. In: V. Riegas und Ch. Vetter (Hg.). Zur Biologie der Kognition (308-328). Ffm

Schmitt, R. (1993). Kontextualisierung und Konversationsanalyse. In: Deutsche Sprache 21: 326-354

Schneider, H. J. (1975). Pragmatik als Basis von Semantik und Syntax. Ffm

Schröer, N. (1992). Der Kampf um Dominanz. Hermeneutische Fallanalyse einer polizeilichen Beschuldigtenvernehmung. Berlin, New York

Schröer, N. (1994). Einleitung: Umriß einer hermeneutischen Wissenssoziologie. In: ders. (Hg.). Interpretative Sozialforschung. Auf dem Wege zu einer hermeneutischen Wissenssoziologie (9-25). Opladen

Schröer, N. (1997a). Wissenssoziologische Hermeneutik. In: R. Hitzler und A. Honer (Hg.). Sozialwissenschaftliche Hermeneutik (109-129). Opladen

Schröer, N. (1997b). Strukturalistische Handlungstheorie und subjektive Sinnsetzung. Zur Methodologie und Methode einer hermeneutischen Wissenssoziologie. In: T. Sutter (Hg.). Beobachtung verstehen, Verstehen beobachten (273-302). Opladen

Schröer, N. (1999). Intersubjektivität, Perspektivität und Zeichenkonstitution. Kommunikation als pragmatische Abstimmung perspektivgebundener Deutungsmuster. In: R. Hitzler, J. Reichertz, N.

Schröer (Hg.). Hermeneutische Wissenssoziologie. Standpunkte zur Theorie der Interpretation (187-212). Konstanz

Schröer, N. (2001). Quasi-ideales Zeichensystem und Perspektivität. Zur Konstitution sprachlicher Zeichensysteme in der Kommunikationssoziologie Thomas Luckmanns. MS Essen

Schröer, N. (2002). Verfehlte Verständigung. Kommunikationssoziologische Fallanalyse zur interkulturellen Kommunkation. Konstanz

Schulte, G. (1993). Der blinde Fleck in Luhmanns Systemtheorie. Ffm, New York

Schütz, A. (171a). Das Problem der transzendentalen Intersubjektivität bei Husserl. In: ders. Gesammelte Aufsätze 3 (86-118). Den Haag

Schütz, A. (1971b). Phänomenologie und die Gesellschaft. In: ders. Gesammelte Aufsätze 1 (113-236). Den Haag

Schütz, A. (1971c). Über die mannigfaltigen Wirklichkeiten. In: ders. Gesammelte Aufsätze 1 (237-298). Den Haag

Schütz, A. (1971d). Symbol, Wirklichkeit und Gesellschaft. In: ders. Gesammelte Aufsätze 1 (331-411). Den Haag

Schütz, A. (1971e). Wissenschaftliche Interpretation und Alltagsverständnis menschlichen Handelns. In: ders. Gesammelte Aufsätze 1 (3-54). Den Haag

Schütz, A. (1972a). Die Gleichheit und die Sinnstruktur der sozialen Welt. In: ders. Gesammelte Aufsätze 2 (203-256). Den Haag

Schütz, A. (1972b). Der Fremde. In: ders. Gesammelte Aufsätze 2 (53-69). Den Haag

Schütz, A. (1972c). Das Problem der Rationalität in der sozialen Welt. In: ders. Gesammelte Aufsätze 2 (22-50). Den Haag

Schütz, A. (1974). Der sinnhafte Aufbau der sozialen Welt. Eine Einleitung in die verstehende Soziologie. Ffm

Schütz, A. (1977). Parsons' Theorie sozialen Handelns. In: A. Schütz und T. Parsons. Zur Theorie sozialen Handelns. Ein Briefwechsel (19-76). Ffm

Schütz., A., und Th. Luckmann (1979). Strukturen der Lebenwelt 1. Ffm

Schütz., A., und Th. Luckmann (1984). Strukturen der Lebenwelt 2. Ffm

Searle, J. R. (1971). Sprechakte. Ffm

Simmel, G. (1987). Der Fremde. In: ders. Das individuelle Gesetz (63-70). Ffm

Soeffner, H.-G. (1980). Überlegungen zur sozialwissenschaftlichen Hermeneutik am Beispiel der Interpretation eines Textausschnitts aus einem "freien" Interview. In: Th. Heinze, H.W. Klusemann,

H.-G. Soeffner (Hg.). Interpretation einer Bildungsgeschichte (70-96). Bensberg
Soeffner, H.-G. (1982). Prämissen einer sozialwissenschaftlichen Hermeneutik. In: ders. (Hg.). Beiträge zu einer empirischen Sozialforschung (9-48). Tübingen.
Soeffner, H.-G. (1989). Auslegung des Alltags - Der Alltag der Auslegung. Ffm
Soeffner, H.-G. (1989a). Anmerkungen zu gemeinsamen Standards standardisierter und nicht-standardisierter Verfahren in der Sozialforschung. In: ders. Auslegung des Alltags - Der Alltag der Auslegung (51-65). Ffm
Soeffner, H.-G. (1989b). Handlung - Szene - Inszenierung. Zur Problematik des 'Rahmen'-Konzeptes bei der Analyse von Interaktionsprozessen. In: ders. Auslegung des Alltags - Der Alltag der Auslegung (140-157). Ffm
Soeffner, H.-G. (1991). „trajectory" - das geplante Fragment. Die Kritik der empirischen Vernunft bei Anselm Strauss. In: Bios 4: 1-12
Soeffner, H.-G. (1992). Die Ordnung der Rituale. Die Auslegung des Alltags 2. Ffm
Soeffner, H.-G. (1994). Das 'Ebenbild' in der Bilderwelt - Religiösität und die Religionen. In: M. Sprondel (Hg.). Die Objektivität der Ordnungen und ihre kommunikative Konstruktion (291-317). Ffm
Soeffner, H.-G. (1999). Strukturen der Lebenswelt - ein Kommentar. In: R. Hitzler, J. Reichertz, N. Schröer (Hg.). Hermeneutische Wissenssoziologie. Standpunkte zur Theorie der Interpretation (29-37). Konstanz
Soeffner, H.-G., und R. Hitzler (1994). Hermeneutik als Haltung und Handlung. Über methodisch kontrolliertes Verstehen. In: N. Schröer (Hg.). Interpretative Sozialforschung. Auf dem Wege zu einer hermeneutischen Wissenssoziologie (28-55). Opladen
Soeffner, H.-G., und Th. Luckmann (1999). Die Objektivität des Subjektiven. G. Ungeheuers Entwurf einer Theorie kommunikativen Handelns. In: R. Hitzler, J. Reichertz, N. Schröer (Hg.). Hermeneutische Wissenssoziologie. Standpunkte zur Theorie der Interpretation (171-185). Konstanz
Srubar, I. (1988). Kosmion. Die Genese der pragmatischen Lebenswelttheorie von Alfred Schütz und ihr anthropologischer Hintergrund. Ffm
Srubar, I. (1992). Grenzen des „Rational Choice"-Ansatzes. In: ZfS 21: 157-165
Stagl, J. (1980). Szientistische, hermeneutische und phänomenologi-

sche Grundlagen der Ethnologie. In: W. Schmied-Kowarzik und J. Stagl (Hg.). Grundfragen der Ethnologie (1-38). Berlin

Streeck, J. (1983). Kommunikation in einer kindlichen Sozialwelt. Tübingen

Strobl, R. (1995). "Fremd-Verstehen?" Zur Interpretation von Interviews mit türkischen Männern und Frauen. In: R. Strobl, A. Böttger (Hg.). Wahre Geschichten? (159-182). Baden-Baden

Tedlock, D. (1985). Die analogische Tradition und die Anfänge einer dialogischen Anthropologie. In: Trickster 12/13: 62-74

Tedlock, D. (1993). Fragen zur dialogischen Anthropologie. In: E. Berg und M. Fuchs (Hg.). Kultur, soziale Praxis, Text. Die Krise der ethnographischen Repräsentation (269-287). Ffm

Thomas, A. (2004). Kulturverständnis aus Sicht der Interkulturellen Psychologie: Kultur als Orientierungssystem und Kulturstandards als Orientierungshilfe. In: H.-J. Lüsebrink (Hg.). Konzepte der Interkulturellen Kommunikation. Theorieansätze und Praxisbezüge in interdisziplinäre Perspektive (145-156). St. Ingbert

Thomas, A.; Kinast, E.U. und Schroll-Machl, Sylvia (2000). Entwicklung interkultureller Handlungskompetenz von international tätigen Fach- und Führungskräften durch interkulturelle Trainings. In: Klaus Götz (Hg.).Interkulturelles Lernen/Interkulturelles Training (97-122. München und Mering

Thomas, A.; Kinast, E.U. und Schroll-Machl, Sylvia (Hg.) (2007). Handbuch Interkulturelle Kommunikation und Kooperation, 2Bde. Göttingen

Turner, V. (1995). Vom Ritual zum Theater. Der Ernst des menschlichen Spiels. Ffm

Tyler, St. (1991). Das Unaussprechliche. Ethnographie, Diskurs und Rhetorik in der postmodernen Welt. München

Tyler, St. (1993). Zum „Be-/Abschreiben" als „Sprechen für". Ein Kommentar. In: E. Berg und M. Fuchs (Hg.). Kultur, soziale Praxis, Text. Die Krise der ethnographischen Repräsentation (288-296). Ffm

Ungeheuer, G. (1987). Kommunikationstheoretische Schriften I: Sprechen, Mitteilen, Verstehen (hrsg. von J. G. Juchem). Aachen

Ungeheuer, G. (1987a). Vor-Urteile über Sprechen, Mitteilen, Verstehen. In: ders. Kommunikationstheoretische Schriften I: Sprechen, Mitteilen, Verstehen (hrsg. von J. G. Juchem) (290-338). Aachen

Ungeheuer, G. (1987b). Was heißt „Verständigung durch Sprechen"? In: ders. Kommunikationstheoretische Schriften I: Sprechen, Mitteilen, Verstehen (hrsg. von J. G. Juchem) (34-69). Aachen

Ungeheuer, G. (1987c). Kommunikationssemantik: Skizze eines Problemfeldes. In: ders. Kommunikationstheoretische Schriften I: Sprechen, Mitteilen, Verstehen (hrsg. von J. G. Juchem) (70-100). Aachen

Weber, M. (1988). Die 'Objektivität' sozialwissenschaftlicher und sozialpolitischer Erkenntnis. In: ders. Gesammelte Aufsätze zur Wissenschaftslehre (146-214). München

Welsch, W. (1997). Transkulturalität. In: Universitas 52: 16-24

Wimmer, A. (1996). Kultur. Zur Reformierung eines sozialanthropologischen Grundbegriffs. In: KZfSS 48: 401-425

Wimmer, A. (1997). Die Pragmatik der kulturellen Produktion. Anmerkungen zur Ethnozentrismusproblematik aus ethnologischer Sicht. In: M. Brocker und H. Nau (Hg.). Ethnozentrismus. Möglichkeiten und Grenzen des interkulturellen Dialogs (1120-140). Darmstadt

Wolff, St. (1987). Rapport und Report. Über einige Probleme bei der Erstellung plausibler ethnographischer Texte. In: W. von der Ohe (Hg.). Kulturanthropologie. Beiträge zum Neubeginn einer Disziplin (333-364). Berlin

Wunderlich, D. (1972). Pragmatik, Sprechsituation, Deixis. In: W. Abraham und R.I. Binnick (Hg.). Generative Semantik (285-313). Ffm